W0109371

SAMUEL DUNKELL

Körpersprache im Schlaf

Schlafhaltungen und ihre Bedeutung

Mit 21 Zeichnungen von

Ruth Dunkell

DROEMER KNAUR

Aus dem Amerikanischen von Gerda Kurz
und Siglinde Summerer

Die Graphik »EEG-Kurve von drei Nächten« wurde mit Erlaubnis von Elsevier/
North-Holland, Biomedical Press, aus dem Artikel »Cyclic variations in EEG during
sleep and their relation to eye movements, body motility and dreaming« in
»Electroencephalography and Clinical Neurophysiology – The EEG Journal«
übernommen.

1. bis 15. Tausend

Für Ruth und Liz

INHALT

VORWORT

Daß den Schlafpositionen eine besondere Bedeutung zukommt, ging mir zum erstenmal vor ein paar Jahren bei einer psychotherapeutischen Sitzung mit einer jungen Patientin auf. Wir besprachen ihre Schwierigkeiten mit Männern, und sie erzählte mir, daran sei nicht zuletzt ihre Schlafhaltung im Bett schuld. Sie schlafe nämlich mit dem Gesicht nach unten, Arme und Beine ausgebreitet, so daß sie einen möglichst großen Teil des Bettes einnehme. Überdies schlafe sie gern von rechts oben nach links unten quer überm Bett liegend und fühle sich, wenn sie die Bettfläche einmal nicht auf diese Weise »unter Kontrolle habe«, auch gleich unsicher. Leider aber mache es diese Schlafposition für ihre Männerbekanntschaften schwer, über Nacht zu bleiben, da sie von ihr unweigerlich aus dem Bett gedrängt würden.

Da ging mir mit einemmal auf, daß dieses Bedürfnis, die Bettfläche zu »kontrollieren«, im Grunde nur die nächtliche Fortsetzung ihres Bestrebens im Wachzustand war, die Situation in ihren alltäglichen Beziehungen zu Männern weitestgehend selbst zu beherrschen, d. h., ihre männlichen Bekannten aus dem Mittelpunkt ihres Seelenlebens zu verdrängen. Aufgrund dieser Herrschsucht aber lag sie nicht nur im Schlaf, sondern auch im Wachzustand, also in ihrer ganzen Existenz, verquer: Sie lebte »in der Querlage«. Mit einemmal erschien mir die Korrelation zwischen ihrer Schlafhaltung und ihrer Lebensweise so augenfällig, so zwingend, daß ich neugierig zu werden begann, ob sich solche Beziehungen nicht auch bei anderen meiner Patienten würden feststellen lassen – was in der Tat zutraf.

So begann ich meine Patienten bei den psychotherapeutischen Sitzungen nicht nur – wie üblich – über ihre Lebensgeschichte, Krankheitssymptome, menschlichen Beziehungen, Phantasien und Träume auszufragen, sondern auch über ihre Schlafhaltungen. Dabei ergab sich, daß hier fast alle eine sofortige Antwort parat hatten, während sonst manche Patienten bei geistig so anstrengenden Techniken wie der Traumdeutung Einstellungsschwierigkeiten hatten.

Ja, das Interesse und die Begeisterung der Patienten für diese Frage führte zu so lohnenden Resultaten, daß ich mich ermutigt fühlte, weitere Untersuchungen anzustellen und die zu diesem Thema gesammelten Informationen Schritt für Schritt auszuwerten.

Die meisten Patienten wußten, wie sich zeigte, ziemlich genau, wie sie schliefen. Diejenigen, die nicht auf Anhieb Auskunft erteilen konnten, hatten es, einmal darauf aufmerksam gemacht, auch bald festgestellt. Besonders einfach scheint dies bei der Einschlafposition zu sein. Aber auch die von uns im Laufe der Nacht eingenommenen verschiedenen anderen Haltungen sind nicht schwer zu ermitteln, da wir immer wieder einmal nachts kurz wach werden, und ebenso wenig Schwierigkeiten bereitet es bei der Lage, in der wir morgens erwachen.

Ja, der einzelne kann seine Lieblingsschlafposition bis in die kleinsten Einzelheiten bestimmen und angeben, ob er z. B. die Knöchel kreuzt oder wie er die Hände hinlegt. In vielen Fällen konnte ich die Angaben meiner Patienten anhand der objektiven Berichte von Ehepartnern oder Freunden, also von Bett- oder Schlafzimmergenossen, verifizieren – übrigens eine Methode, die ich dem interessierten Leser, der sich getrost auch einmal an die Deutung der verschiedenen Schlafpositionen wagen sollte, zur Überprüfung der Richtigkeit seiner Eindrücke nur empfehlen kann.

Mein Interesse für Schlafpositionen nahm schließlich so zu, daß ich begann, mir die psychoanalytische Literatur und die der Verhaltensforschung daraufhin anzuschauen. Dabei entdeckte ich, daß es kaum einschlägige Untersuchungen darüber gab. Alfred Adler hatte die Frage in einer Arbeit von 1914 über das Problem der Schlaflosigkeit immerhin gestreift. In einer kurzen Anmerkung äußerte er die Ansicht, eine sorgfältige Materialsammlung und -auswertung werde zweifelsohne ergeben, daß sich aus der Haltung, die ein Mensch im Schlaf einnehme, Rückschlüsse auf seine grundsätzliche Haltung zum Leben ziehen ließen. Deshalb forderte er auch Psychiater, Neurologen und Lehrer höflich auf, eine möglichst umfassende Liste der Schlafpositionen zusammenzustellen, da ihre Deutung z. B. »große Bedeutung für den Unterricht« haben könnte. Ihre potentielle Bedeutung für weit größere Bereiche freilich erahnte er noch nicht, wie wir feststellen werden.

Susanne Schalit, eine Adler-Schülerin, veröffentlichte, seiner Aufforderung folgend, im Jahre 1925, vornehmlich an Kinder-Fallstudien interessiert, eine Abhandlung über die Schlafhaltungen von Kindern und Erwachsenen. Aber da sie zu sehr auf Adlers recht spezielle psychoanalytische Theorien Bezug nimmt, fehlt ihrer Arbeit die wünschenswerte Allgemeingültigkeit. Daneben stieß ich bei meinen Nachforschungen noch auf eine interessante Abhandlung des Heidelberger Neurologen H. Thorner aus dem Jahr 1931 über die Beziehung zwischen Schlafpositionen und verschiedenen neurologischen Reaktionen sowie auf ein maßgebliches amerikanisches Werk aus den dreißiger Jahren vom Mellon Institute in Pittsburgh, ein Projekt, das H. M. Johnson für die Simmons Mattress Company durchgeführt hatte. Diese Mellon-Studie und einige darauf aufbauende spätere Untersuchungen befaßten sich jedoch lediglich mit der Physiologie der Schlafbewegungen und -positionen und nahmen kaum auf ihre Bedeutung für das menschliche Verhalten Bezug.

Eine umfassende Analyse der Schlafstellungen, ihrer Bedeutung und ihrer Beziehung zu anderen Schlafphänomenen liegt bisher überhaupt noch nicht vor. Trotz der in den letzten zwei Jahrzehnten jährlich mehr als 600 publizierten Abhandlungen über den Schlaf sind die Schlafpositionen praktisch nicht diskutiert worden. In den meisten Untersuchungen waren lediglich Daten über die Tätigkeit des Gehirns und des Körpers während des Schlafes zusammengetragen – zweifelsohne äußerst wichtige Erkenntnisse, die jedoch nur in Verbindung mit der Bedeutung der Schlafhaltungen ein vollständiges Bild der »Welt des Schlafes« ergeben können – einer Welt, die, richtig verstanden, unser menschliches Selbstverständnis erweitert. Dieses neue Verständnis des Schlafs erlaubt vielfältige praktische Nutzanwendungen und liefert uns neue Denkansätze auf vielen Gebieten, die von der Partnerbeziehung bis hin zum Problem der Schlaflosigkeit reichen. D. h., das, was uns unsere Schlafhaltungen über uns enthüllen, ist nicht nur höchst aufschlußreich, sondern kann uns darüber hinaus helfen, uns mit unserer ganzen Existenz im Wachen wie im Schlafen überzeugender auseinanderzusetzen.

Abschließend möchte ich John Malone für seine redaktionelle Unterstützung bei der Vorbereitung dieses Buches sowie Lee Mackler, der Bibliothekarin des Postgraduate Center for Mental Health, für ihre Hilfe bei der Durchsicht der Fachliteratur danken.

I

Durch die Dämmerzone

Ich nannte ihn »Briefumschlag-Mann«.

Ein ehemaliger Patient von mir, eben der »Briefumschlag-Mann«, mußte, um schlafen zu können, allabendlich ein äußerst kompliziertes Ritual bis ins letzte Detail vollziehen. Jeden Abend stellte er vor dem Zubettgehen eine geöffnete Flasche Coca-Cola samt einem Trinkglas, eine Packung Zigaretten, ein Feuerzeug und ein Nasenspray griffbereit auf das Nachtkästchen. Dann überzeugte er sich, daß die Decke auch an beiden Seiten und am Fußende fest und faltenlos hineingesteckt und das Laken windelartig strammgezogen war, um sich schließlich selber wie einen Bogen Briefpapier fein säuberlich in den Umschlag seiner Betttücher einzuschieben. Sogar auf Reisen führte er stets dieses gesamte Sortiment von Nachtkästchen-Utensilien mit sich und ging nie zu Bett, ohne das Bettzeug vorher in derselben Weise zu arrangieren. Nachts wachte er gewöhnlich einmal auf, goß sich ein Glas Cola ein, trank einen Schluck, zündete sich eine Zigarette an, rauchte und benutzte schließlich sein Nasenspray. Nach Vollzug dieses Rituals fühlte er sich dann sicher genug, den Rest der Nacht durchzuschlafen.

So extrem das Verhalten des »Briefumschlag-Mannes« auch war – bis zu einem gewissen Grade bereiten wir uns alle durch ein solches nächtliches Ritual auf die Welt des Schlafes vor. Sogar bei den alleralltäglichsten, einfachsten Verrichtungen vor dem Schlafengehen – beim Ausziehen, Zähneputzen, Wasserlassen, beim Anziehen von Schlafanzug oder Nachthemd und beim Lichtlöschen – folgt jeder einem festen, aber nur ihm allein eigenen Schema. Der Ehemann bürstet sich die Zähne vielleicht vor dem Ausziehen, die Ehefrau erst im Nachthemd, und jeder hat beim Ausmachen der Schlafzimmerlampen seine eigene, Nacht für Nacht eingehaltene Reihenfolge. Haben wir einmal etwas Wichtiges vergessen, so stehen wir meist noch einmal auf, um das Versäumte nachzuholen, etwa das Fenster zu öffnen, ein Glas Wasser einzugießen oder eine Packung Tempotaschentücher in Reichweite zu legen. Fühlen wir uns aber einmal zu müde dazu, so kann es passieren, daß wir trotz aller Müdigkeit so lange nicht einschlafen können, bis wir schließlich doch dem starken Bedürfnis nachgeben, alles an seinem gewohnten Platz zu haben.

Aber so sonderbare Formen dieses Zubettgehritual gelegentlich auch annehmen mag, es ist für uns aus verschiedenen Gründen wichtig. Einmal weil es uns aufgrund seines gewohnheitsmäßig automatischen Ablaufs dabei hilft, uns und unsere Gedanken aus dem Tun und Treiben der Tagwelt zurückzuziehen. Die dafür erforderlichen Bewegungen sind uns so sehr in Fleisch und Blut übergegangen, daß wir sie »im Schlaf« ausführen könnten. Gerade aber weil wir nicht mit Gedanken dabei sein müssen, wirken sich diese Handlungen stark beruhigend auf unseren Körper und unser Gefühlsleben aus.

Aber das ist noch nicht alles. Der »Briefumschlag-Mann« beruhigte sich nicht nur selbst, sondern versicherte sich auch – wie wir alle das tun –, daß die Tagwelt, die gewöhnliche wache Welt der Arbeit, der sozialen und sonstigen Beziehungen, an denen er teilhatte, auch während seines Schlafes da war, daß er sie beim Aufwachen am anderen Morgen – oder auch mitten in der Nacht – wiederfinden würde. Dieses Bedürfnis, sich der Kontinuität all dieser Beziehungen gewiß zu sein, tritt besonders häufig bei Personen auf, die unter Depressionen und ähnlichen Störungen leiden.

Diese Personen haben häufig Schlafschwierigkeiten; sie fürchten, die Verbindung zur wachen Welt zu verlieren, von der Landschaft ihrer vertrauten »erlebten« Umwelt abgeschnitten zu werden, und fürchten somit den Schlaf selbst. Ja, manche Menschen fühlen sich erst bei Morgengrauen, wenn das Licht der aufgehenden Sonne den sichtbaren Beweis für die Fortdauer der Welt erbringt, sicher genug, sich ein Weilchen Tiefschlaf zu genehmigen. Aber während diese Ängste auf ungelöste Lebensprobleme schließen lassen, sind auch wir anderen uns mehr oder weniger deutlich bewußt, daß wir mit dem Übergang in die Welt des Schlafes eine uns durch ihren gewohnten Ablauf vertraute und daher nicht beunruhigende Lebensform verlassen und uns in einen völlig anderen Seinszustand vorwagen.

Manchmal brauchen wir zu unserer Rückversicherung auf diesem risikovollen Weg bestimmte Gegenstände. So gingen die Adligen im zaristischen Rußland gewöhnlich mit kleinen Kissen ins Bett, sog. *dumkas*, »denen man (wörtlich übersetzt) seine Gedanken anvertraut«. Solche Objekte können sogar – wie die von Linus in den *Peanuts*-Comics unentwegt herumgezogene Sicherheitsdecke – eine übertriebene psychologische Bedeutung annehmen, so daß man sich schließlich fragt, warum eigentlich solche scheinbar albernen, kindischen Dinge als Schlafhilfe nötig sein sollen.

Jedermann weiß, daß Schlaf nicht nur wohltuend, sondern auch notwendig ist. Immerhin wirkt sich, wie Experimente gezeigt haben, bei denen die Testpersonen über längere Zeiten hinweg am Schlafen gehindert wurden, eine über mehrere Tage hin erzwungene Schlaflosigkeit weit schlimmer aus als Nahrungsentzug: Die Fähigkeit, auch nur einfache geistige Fragen zu lösen, geht zusehends verloren, bis schließlich deutliche Anzeichen von Delirium auftreten. Wenn wir aber so viel Zeit mit Schlafen verbringen und wissen, wie wichtig der Schlaf für ein gesundes Funktionieren unserer Person im Wachzustand ist, scheint es doch geradezu paradox, ihn irgendwie als Bedrohung zu empfinden oder besondere Gegenstände oder Beruhigungszeremonien zu unserer Schlafvorbereitung für nötig zu halten.

Aber die Menschheit hat den Schlaf seit eh und je als etwas sehr Zwiespältiges empfunden. Gewiß bedeutet er einerseits erholsame Ruhe, nächtliche Wiedergeburt, er gibt uns neue Kraft für die Anstrengungen und Freuden des wachen Lebens. Andererseits aber ist, ins Extrem getrieben, *Der Große Schlaf*, wie in Humphrey Bogarts gleichnamigem Film, der Tod. Tatsächlich deuten viele Kulturen den Vorgang des Einschlafens als ein zeitweiliges Verlassen des Körpers durch die Seele; in manchen glaubt man, daß die Seele im Schlaf in körperlosem Zustand eine Art Vorhölle durchstreift. Wieder andere sind davon überzeugt, daß die Seele eine andere tierische oder menschliche Form annimmt, und bei vielen Natur- und frühen Kulturvölkern gibt es besondere Tabus gegen die Berührung der Schlafmatte eines Mannes, der im Krieg oder auf der Jagd ist, aus Angst, man könne dessen Geist des Ortes berauben, an den er zurückkehren soll: Dies würde den sicheren Tod des Kriegers oder Jägers nach sich ziehen.

Der Schlaf ist also weit mehr als nur eine physische Notwendigkeit. Er ist ein unbekannter Kosmos – mit seinen eigenen Dimensionen von Raum, Zeit und Empfindung –, den wir alle vierundzwanzig Stunden betreten. Wenn wir uns auf das Zubettgehen vorbereiten, wird jeder von uns ein Kolumbus des Dunkels, der »zu den Enden der Nacht« aufbricht. Was Wunder also, daß wir das Bedürfnis verspüren, uns abzusichern, ehe wir uns zu dieser nächtlichen Entdeckungsreise aufmachen, um uns psychologisch darauf vorzubereiten, die Tagwelt hinter uns zu lassen.

Der Grundrhythmus des menschlichen Tages, der sogenannte circadiane Rhythmus, spiegelt die Bewegung unseres Planeten, der sich beim Umlauf um die Sonne bekannt-
lich um die eigene Achse dreht. Der Begriff »circadian«
kommt von lateinisch *circa* und *dies,* heißt also wörtlich
»rund um den Tag«. Wie unsere nächsten Verwandten, die
Menschenaffen und andere Affenarten, sind wir im Gegensatz zu Nachtwesen wie Katzen, Eulen und Nachtfaltern
Geschöpfe des Tages, des Lichtes. Zwar können wir uns
auch daran gewöhnen, tags zu schlafen und nachts zu
arbeiten, aber von Natur aus neigen wir dazu, tagsüber tätig
zu sein und nachts zu ruhen. Schließlich beherrschen wir am
Tag eine mit dem Auge zu erfassende Welt, in der die Dinge
scharfe Konturen, Tiefe, Farbe und Struktur haben. Bei Tag
können wir einen Busch und ein wildes Tier visuell
auseinanderhalten, während im Dunkeln beide zu vagen,
formlosen Gestalten verschwimmen, sofern wir überhaupt
etwas wahrnehmen. Deshalb hat sich die Menschheit auch
von allem Anfang an mit dem Universum der konkreten
Dinge, dem Jagen, Pflügen, Werkzeugmachen bei Tag
auseinandergesetzt und die Nacht, in der Arbeiten unmöglich war, die sich gewissermaßen von selbst als Pause
zwischen der Aktivität zweier Tage anbot, zum Schlafen
benutzt. Die Schlafwelt selbst ist eine zeitlose, raumlose,
gestaltlose, anscheinend endlose Leere, die wir im Laufe der
Nacht periodisch mit den Myriaden von Menschen, Dingen,
Bildern und Geräuschen unserer Träume bevölkern. Beide
Welten aber – die Welt des Tages, des Lichtes, der Form und
der Substanz einerseits, und die gestaltlose Welt des
Schlafes andererseits – sind, so verschieden sie auch
erscheinen mögen, doch gleich real.
Eben diese Erfahrung der zwei Realitäten machen wir alle in
einem Vierundzwanzig-Stunden-Zyklus, der heute für die
meisten von uns in drei Phasen abnehmender Aktivität

zerfällt: Auf die mit dem Morgen beginnende Phase der Arbeit, die gewöhnlich mit dem Maximum an Tageslicht zusammenfällt, folgt am Abend eine Zwischenphase, in der wir die Tagwelt mit ihrer Geschäftigkeit und ihren Sorgen beiseitezuschieben beginnen, und schließlich die Schlafphase. Die Zwischenphase zwischen Arbeit und Schlaf ist mit der durch den technologischen Fortschritt bedingten Verkürzung der Arbeitszeit in letzter Zeit immer länger geworden und wird heute gewöhnlich zur Erholung oder Unterhaltung benutzt. Sie ermöglicht es dem einzelnen, sich allmählich aus der Reizfülle der Arbeitswelt zurückzuziehen.

Gegen Ende dieser Zwischenphase ist unser Tätigkeitsdrang spürbar vermindert, und unsere Aufmerksamkeit wendet sich mehr und mehr uns selbst und unserer unmittelbaren Umgebung zu, genauso wie wir uns selbst zunächst auf die Wohnung, dann aufs Schlafzimmer und schließlich aufs Bett beschränken. Entsprechend dieser zunehmenden Verengung der physischen Umgebung verändert sich auch das psychische Interesse unseres Bewußtseins: Anstelle der vielfältigen Geschäfte der Tageswelt rückt mehr und mehr unser körperliches Sein in den Mittelpunkt.

Wir fangen an, uns müde zu fühlen – die Schlafzentren des Gehirns sind in Tätigkeit getreten und senden ihre chemischen und neurologischen Botschaften (die Sandmännchen der Natur) aus, die uns zur Ruhe rufen. Nun setzt der natürliche Gähnreflex ein, der uns mit mehr Sauerstoff versorgen und den Körper wieder aktivieren soll. Ein leichter Kampf entspinnt sich nun zwischen unserer Neigung, uns vollends in die Schlafwelt hinübergleiten zu lassen, und dem Versuch wachzubleiben; dabei dehnen wir uns vielleicht, um unsere schlaffer werdenden Muskeln noch einmal anzureizen. Auch das Lachen kann in dieser Phase wie das Gähnen zu einer Extraportion Sauerstoff verhelfen und gleichzeitig Ausdruck der Entspannung sein.

An diesem Punkt betreten wir die *Dämmerzone* zwischen Wachen und Schlaf, wie ich sie nennen möchte. Und in dieser Dämmerzone, in der die Schlafzentren des Hirns allmählich unsere physischen und psychischen Prozesse zu beherrschen beginnen, werden die letzten wichtigen Schlafvorbereitungen getroffen.

Wir befinden, es sei Zeit fürs Bett, unterziehen uns dem Wasch- und Auskleideritual, ziehen womöglich ein spezielles, dem Schlaf angemesseneres Kleidungsstück an und legen uns schließlich ins Bett, d. h., wir vertauschen die vertikale Perspektive der Tagwelt mit der horizontalen Lage der Nachtwelt und stellen uns von einem Maximum an Beweglichkeit auf ein Maximum an Untätigkeit um. Außerdem ist mit dem Wechsel von der vertikalen in die horizontale Perspektive eine neue Einschränkung unseres Sehfeldes verbunden, die uns geradezu einlädt, die Lider – unsere biologischen Schlafrollos – »herunterzulassen« und »zu verriegeln«. Dergestalt auf das Hinübergleiten in die Nachtwelt vorbereitet, nehmen wir unsere gewohnte Körperhaltung ein, in der wir am leichtesten einschlafen können.

Aber die verschiedenen Haltungen beim Einschlafen, Schlafen und Aufwachen und ihre Bedeutung sollen uns erst in späteren Kapiteln ausführlicher beschäftigen. Zunächst noch ein Wort zu den physischen und psychischen Voraussetzungen des Schlafes und den Vorgängen in der Schlafwelt vom Betreten der Dämmerzone durch die verschiedenen allnächtlichen Schlafstadien bis hin zum Aufwachen am nächsten Morgen.

Schauplatz der Schlaferfahrung ist das Bett. »Das Bett, mein Freund, ist unser ganzes Leben«, schrieb Guy de Maupassant. »Hier werden wir geboren, hier lieben wir, und hier sterben wir.« Und hier, an dem für die menschliche Erfahrung so zentralen Ort, findet auch unsere Begegnung mit der so andersartigen Welt des Schlafes statt.

Das Bett unserer frühen Vorfahren, der ersten Menschen, war nichts weiter als eine Kuhle im Boden, abgegrenzt durch angehäufelte Erde oder durch Laub geschützt. Aber selbst in dieser frühen Phase der menschlichen Entwicklung hafteten der auserkorenen Schlafstätte bereits viele Eigenschaften an, die heute noch für das Bett gelten.

Erstens spiegelte die Schlafkuhle die Vorstellung der Territorialität; um sie herum zog sich eine Art psychologischer Zaun, der sie als Eigentum der Person auswies, die sie sich erwählt hatte. Ebenso denken wir heute nicht nur an »das« Bett, sondern an »mein« Bett oder im Falle eines Paares an »unser« Bett. Im übrigen finden wir diesen territorialen Aspekt des Bettes auch bei vielen Tieren. So z. B. stecken die Gorillas ihr Schlaflager durch einen Zaun aus belaubten Zweigen ab.

Zweitens mußte das Bett auch schon in seinen primitivsten Formen ein Ort der Sicherheit sein, an dem sich der Schläfer »aufgehoben« fühlen konnte. Ohne ein solches Gefühl der Geborgenheit ist Schlafen schwierig. Dies gilt auch für Tiere. Z. B. wird ein kranker Elefant sich nicht wie seine gesunden Artgenossen zum Schlafen auf die Seite legen, sondern im Stehen schlafen, da das Aufstehen in seinem geschwächten Zustand durch den zusätzlichen Zeit- und Kraftaufwand eine erhöhte Gefährdung bedeuten und das Tier sich ausgestreckt liegend unsicher fühlen würde.

Bei den unter freiem Himmel lebenden Naturvölkern war Sicherheit vor Raubtieren oder menschlichen Feinden bei der Wahl des Schlafplatzes ausschlaggebend. Aber selbst hinter den Stahlbetonmauern der modernen Hochbauten bleibt das Bett noch sicherer letzter Zufluchtsort. So wird es wohl kaum einen Menschen geben, der sich nicht schon einmal vor dem Streß »ins Bett« geflüchtet hätte. Und gar nicht selten kommt es vor, daß der Hang zum Bett pathologische Formen annimmt. Proust z. B. verließ in all den Jahren, in denen er sein Werk *Auf der Suche nach der Verlorenen Zeit* schrieb, sein Schlafzimmer nur selten. Und der in die psychologische Literatur namengebend eingegangene Oblomow, der Held von Iwan Gontscharows Roman, verbrachte den größten Teil seines Lebens sogar direkt im Bett. Für den wirklichen wie für die fiktiven Menschen bedeutete das Im-Bett-Bleiben ein Ausweichen vor den vielfältigen Schwierigkeiten der Tagwelt. Und wenn auch die meisten von uns das Bett vor allem als Schlafgelegenheit und nicht als Dauerzuflucht vor der Welt betrachten, so verbinden wir doch von der Wiege an mit unserer Schlafstätte Vorstellungen von Sicherheit und Geborgenheit.

Soll aber das Bett ein Zufluchtsort sein, so muß es auch einige Bequemlichkeit bieten. Zwar dürften an den Anfängen der Menschheit nicht eben viele Prousts oder Oblomows ihre Tage schmachtend auf Kissen aus Laub verbracht haben, dennoch war seit eh und je – und damit sind wir beim dritten Charakteristikum des Bettes angelangt – das Bestreben zu beobachten, die Liegestatt bequemer zu machen. So wurden allmählich grobe Schlafplattformen aus Holz oder aus fellbespannten Rahmen entwickelt oder – auch schon sehr früh – Hängematten benutzt. Bei Naturvölkern waren die Schlafstätten weitgehend kollektiv angelegt, d. h., es schliefen viele Mitglieder der Familie oder des Stammes in derselben Höhle oder im selben Fellzelt oder unter demselben Verschlag. Diese Praxis erhöhte nicht nur die Sicherheit, sondern gestattete in kälteren Zonen auch eine äußerst effektive Ausnutzung der menschlichen Körperwärme – eine Möglichkeit, von der die Eskimos heute noch Gebrauch machen.

Das Schlafzimmer, wie wir es heute kennen, hat sich, zumindest für einfache Leute, erst in den letzten Jahrhunderten herausgebildet. Bis zum 15. Jahrhundert war ein zum Schlafen abgetrenntes Gemach ein Vorrecht der Könige: Die Bauern schliefen gewöhnlich in derselben Stube, in der sie kochten und aßen und vielfach auch das Vieh hielten, während die Könige umgekehrt ihre öffentlichen Geschäfte nicht ungern im Liegen abwickelten, um das Privileg des Extra-Schlafzimmers zu demonstrieren, und deshalb den Hofstaat oder Bittsteller nicht selten im Bett oder auf einer königlichen Ruhestatt in einem Beratungszimmer empfingen. Ludwig XI. von Frankreich beispielsweise hielt es im 14. Jahrhundert sogar für tunlich, dem Parlament auf einem durch ein Podest erhöhten Bett »vorzuliegen«.

Als sich das Schlafzimmer dann im 15. und 16. Jahrhundert allmählich allgemein durchsetzte, wurde es mit der Zeit zusätzlich üblich, die Kinder nachts von den Eltern zu trennen und den einzelnen Familienmitgliedern verschiedene Zimmer zu geben. Diese Entwicklung, die den privaten Charakter der Schlafwelt betont, hat sich in den Vereinigten Staaten am stärksten durchgesetzt und soll nach Meinung vieler Psychologen entscheidend zur besonderen Unabhängigkeit und Selbständigkeit der Amerikaner beitragen. Allerdings sträuben sich viele Kinder, nachts in einem Raum allein gelassen zu werden, und wollen rituell entweder durch Vorlesen von Geschichten oder durch die Gegenwart ihres flauschigen Lieblingsspielzeugs in den Schlaf gelullt werden. Für viele Leute wird beim Eintritt in die Dämmerzone zwischen Wachen und Schlafen die Frage nach der Beschaffenheit des Bettes aktuell. Wir alle haben schon die Erfahrung gemacht, wie schwierig es ist, in einem ungewohnten Bett in einer fremden Umgebung zu schlafen. Dabei kann es dem einen besonders auf die Kissen, dem anderen auf die Zahl der Decken und dem dritten gar auf den Stoff der Laken ankommen. Der große Tenor Enrico Caruso, unschlagbarer Kissenfetischist aller Zeiten, z. B. schlief inmitten von nicht weniger als achtzehn Stück. Und selbst die Stellung des Bettes im Raum ist für viele wichtig. So versäumte es Charles Dickens auf seiner Amerikatournee in den vierziger Jahren des vergangenen Jahrhunderts nie, mit Hilfe eines Kompasses, den er stets bei sich trug, sein Bett nach Norden auszurichten, um das natürliche Magnetfeld von Pol zu Pol nicht zu stören. Nur dann war laut einer damals weit verbreiteten Theorie ein guter Schlaf garantiert.

Neben der für Behagen und Sicherheit wichtigen Stellung des Bettes und der Zahl der Kissen spielt auch die Temperatur für den entspannten Eintritt in die Welt des Schlafes eine große Rolle. Ein abruptes »Eintauchen« in kalte Bettlaken wird zumeist den Körper schockartig wieder aufwecken. Um das zu verhindern, wurden früher eingewikkelte erhitzte Ziegelsteine und Wärmflaschen ins Bett gelegt, was sich mittlerweile dank Zentralheizung und Heizdecken erübrigt hat.

So unangenehm ein kaltes Bett ist, so sehr erleichtert ein bestimmter Grad an Kühle das Einschlafen. In der Tat fällt unsere eigene Körpertemperatur im Laufe der Nacht ja durchschnittlich um zwei Grad. Von dem Bedürfnis aber, eine behagliche Körpertemperatur zu halten, hängt offensichtlich ab, was wir ins Bett anziehen. In kalten Gegenden kann sich Flanell empfehlen; wir in der gemäßigten Zone dagegen bevorzugen leichtere Stoffe, und die Bewohner der heißen Landstriche schlafen entweder völlig nackt oder fast unbekleidet. In Indien z. B. tragen die Männer einen *charpoy*, eine Art eng um die Hüften geschlungenes Lendentuch, und die Frauen besonders dünne Saris.

»Schlafen Sie nackt?« ist eine bei Interviews von Journalisten und Klatschkolumnisten gern an Filmstars und andere

Prominente gestellte Frage, die freilich eher auf die sexuelle Neugierde des Publikums abzielt, als daß sie Interesse an Fragen des Behagens verrät. Im übrigen war Nacktschlafen in verschiedenen Zeiten der Geschichte durchaus üblich. Heute tun es laut Statistik siebzig Prozent aller amerikanischen Männer, aber nur dreißig Prozent aller amerikanischen Frauen (diese Erhebungen stammen allerdings aus der Zeit vor der Bewegung der Frauenemanzipation). Im Mittelalter dagegen war es erstaunlicherweise allgemein gang und gäbe. Ein Bericht aus dem 14. Jahrhundert z. B. nennt einen Mann, der in Hemd und Unterhose zu Bett ging, exzentrisch. Die dann mit der Renaissance aufkommende Neigung zu kunstvoll verzierten Nachtgewändern war vermutlich eine Sache der Mode und des Statusdenkens, nicht der Bequemlichkeit.

Nun mag Nacktschlafen in einem solid gebauten Haus die bequemste Art und Weise sein, die Nacht zu verbringen; für diejenigen Einwohner tropischer Länder jedoch, deren Wohnstätten nur sehr geringen Schutz vor den Gefahren des Dschungels oder der Savanne bieten, ist es eine äußerst problematische Angelegenheit. Gewisse Stämme des Nigergebietes z. B. nächtigen in Mulden mit Holzkohlenstaub, weil dieser angeblich fliegendes und kriechendes Ungeziefer abhalten soll.

In anderen Gesellschaften ist die große Geißel des Schlafes ein winziges Insekt, die Wanze, deren Bisse noch den Müdesten und Erschöpftesten fluchend und kratzend aus der Dämmerzone wieder auffahren lassen. In den vergangenen Jahrhunderten schickten die Adligen deshalb oft einen Diener als eine Art menschliche Vorspeise für die gefräßigen Tiere ins Bett, um dann ihrerseits ungestört von den fürs erste gesättigten winzigen Quälgeistern einschlafen zu können. Eine der sekundären Wohltaten der industriellen Revolution des 19. Jahrhunderts war die Massenproduktion

24

von Messing- oder anderen Metallbettgestellen ohne die Ritzen und Spalten der Holzbetten, in denen sich besagte Insekten so gut verstecken konnten. Freilich sind die lieben Tierchen, wie Reisende mit kleinem Budget in aller Welt zu ihrem Ungemach selbst feststellen können, deshalb in den billigen Hotels noch keineswegs ausgestorben.

Wir brauchen einen sicheren Ort zum Schlafen.

Wir müssen uns wohl und behaglich fühlen – kühl, aber nicht kalt, warm, aber nicht heiß. Nachtgewand sowie Art und Zahl der Decken sind auf Erhaltung dieses Wohlbehagens abgestimmt.

Darüber hinaus ist zum Schlafen aber auch noch ein gewisser Grad an Dunkelheit erforderlich. Wir schließen die Läden, lassen die Jalousien herunter und machen das Licht aus. Die Dunkelheit in dem Raum, in dem wir die Nacht verbringen, ist eine wesentliche Einschlaf- und Durchschlafhilfe. In einem Zimmer ohne Vorhänge werden wir unfehlbar früher wach als in einem, aus dem die Dämmerung ausgesperrt ist. Zwar können wir auch unter grellem Licht schlafen, aber ein solcher Schlaf ist, wie Labortests gezeigt haben, weder ebenso tief noch ebenso erholsam. Da wir Geschöpfe des Tages sind, empfinden wir Licht unweigerlich als Signal für die Tagwelt, deren Ansprüche wir im Dunkeln viel leichter von uns schieben können.

Mit geschlossenen Augen im Bett liegend, nehmen wir Urlaub von der Welt des Tages mit ihrem Kaleidoskop von Menschen, Dingen, Farben, Vorgängen und fernen Horizonten und betreten eine Welt, in der wir eher mit unseren Gedanken als mit den Augen »sehen«. Unser Geist ist nach wie vor tätig, aber nun auf andere Weise, von einer Sache zur anderen treibend. Wir befinden uns in einem träumerischen Vorschlafzustand mittwegs zwischen Tagträumen und den wirklichen Träumen des Schlafes. Diese träumerische

Phase, wo die scharfe Gedankenkonzentration des Tages verschwimmt, ist für manche Leute eine äußerst schöpferische Zeit. So haben viele bedeutende Künstler und Philosophen gerade in dieser Spanne unvermittelt neue Einfälle gehabt oder die Lösung alter Probleme gefunden.

Die Philosophen selbst sind geteilter Meinung über den Schlaf. Für Immanuel Kant war das Schlafbedürfnis ein Ärgernis, Schlafen ein notwendiges Übel und Träumen Zeitverschwendung. Er wollte in der Nachtwelt nicht länger als unbedingt nötig verweilen. Ähnlich empfand der sehr wirtschaftlich denkende amerikanische Philosoph Benjamin Franklin, dessen berühmt gewordenes Motto »Früh zu Bett und früh wieder auf, macht einen Menschen reich, weise und gesund« seine Bevorzugung der Tagwelt und ihres planvollen Tätigseins deutlich widerspiegelt. Der große französische Philosoph des 17. Jahrhunderts, Descartes, verbrachte dagegen einen großen Teil seines Lebens im Bett, wo er auch große Teile seiner Philosophie entwickelte. Ebenso der zur selben Zeit lebende englische Philosoph Hobbes, der seine Gedanken und mathematischen Formeln auf Betttücher und sogar auf seine eigenen Oberschenkel geschrieben haben soll.

Für die meisten von uns jedoch ist die Dämmerzone so etwas wie eine Dekompressionskammer, in der die Tagwelt immer weiter hinter uns zurückbleibt, bis uns schließlich gänzlich die Nachtwelt umfängt. Dabei konzentrieren sich unsere Sinne immer mehr auf unseren Körper. In der Dämmerzone werden wir uns unserer inneren Organe in ganz anderer Weise als am Tage bewußt. Wir spüren den Zweierrhythmus unseres Herzschlags, Systole und Diastole, mit dem das Blut durch die Herzkammern gepumpt wird, und empfinden deutlich gleichsam das verborgene Arbeiten anderer innerer Organe wie der Lunge und des Verdauungstraktes. Unsere Muskeln scheinen schwerer zu werden und unsere gesamte

Konzentration richtet sich auf unsere Bein- und Armhaltung. Die Rumpfmuskulatur lockert sich; ebenso die größeren Muskelpakete an Armen und Beinen. Unser Kopf sinkt tiefer ins Kissen, denn auch die Nackenmuskulatur, die den Kopf trägt, entspannt sich. Müssen unsere Muskeln in der Tagwelt gewissermaßen ständig Hab-acht-Stellung einnehmen, d. h. immer einsatzbereit sein, so können wir ihnen mit dem Eindringen in die Schlafwelt endlich auch Ruhe und Entspannung gönnen.

Parallel zur Steigerung des Körperbewußtseins gehen im Gehirn Veränderungen vor sich. Die meisten wissenschaftlichen Erkenntnisse über den Schlaf wurden seit 1953 gewonnen. Das ist das Jahr, in dem Aserinsky und Kleitman im schnellen Augenrollen (REM = *rapid eye movement*) ein typisches Traummerkmal erkannten. REM als Indikator benutzend, haben Dement und andere Schlafforscher in den USA und anderswo eine ganze Reihe wichtiger, grundlegender, ja z. T. verblüffender Daten über Träume, Schlaf und die damit verbundenen biologischen und psychischen Abläufe herausgefunden. So u. a., daß die elektrischen Hirnwellen mit dem tieferen Eindringen in die Dämmerzone eine niedrigere Frequenz bekommen und ein regelmäßigeres, entspannteres Bild bieten, den sogenannten *Alpharhythmus*. Im übrigen ändert sich das Erscheinungsbild dieser Wellen ein paarmal im Laufe der Nacht. Aber damit wollen wir uns im nächsten Kapitel (»In der Welt des Schlafes«) beschäftigen.

Mit dem ersten Aussenden der Alphawellen fällt auch der Blutdruck leicht, schlägt das Herz langsamer, geht der Atem ruhiger und regelmäßiger, arbeiten das Verdauungssystem langsamer und viele Drüsen. Unsere Körpertemperatur sinkt. Bei gewissen Tieren verlangsamen sich die Körperabläufe sogar so sehr, daß sie im sogenannten Winterschlaf eine ganze Jahreszeit durchschlafen können. Auch der

Karpfen als Kaltblüter hält noch Temperaturen bis zu minus zehn Grad aus, wenn er auch stocksteif gefroren ist.

Als weniger eng an ihre Umwelt gebundene Warmblüter sind unsere Lebensprozesse in ihren möglichen Schwankungen natürlich viel stärker beschränkt. Trotzdem ist der Übergang von der Tag- in die Nachtwelt auch bei uns von physischen Prozessen begleitet. Gegen Ende der Dämmerzone, am Rande des Schlafes, nehmen selbst unsere Gedanken eine andere Form an.

In der Dämmerzone sehen wir, je tiefer und intensiver wir sie erfahren, blitzhaft auftauchende kurze Bilder, die sich jedoch vom Traum des Tiefschlafes unterscheiden. Läßt sich dieser mit einem spannenden Film mit fortlaufender Handlung vergleichen, so handelt es sich bei jenen Bildern eher um eine Diaschau. Und während der Schlaftraum oft phantastisch und voller unmöglicher Geschehnisse ist, sind die Bilder, die unmittelbar vor dem Einschlafen auftauchen, gewöhnlich mit unserer Alltagswelt verbunden. Nach Ansicht vieler Schlafforscher stellen diese schnell aufblitzenden Bilder einen Versuch dar, die letzten Überreste des Tagwelt-Bewußtseins schnell und logisch zu verbinden, und zwar in dem Augenblick, in dem wir uns von ihm ab- und den gänzlich andersartigen Erfahrungen der Nachtwelt zuwenden, damit wir möglichst unmerklich in die Schlafexistenz hinübergleiten können.

Diese einzelnen Bilder werden *hypnagogische* Halluzinationen genannt. *Hypnagogisch* besteht aus den griechischen Wortwurzeln *hypn* mit der Bedeutung »Schlaf« und *ag* »zu etwas führen«. Sie scheinen in keiner Beziehung zu der Person zu stehen, die diese Ereignisfragmente träumt oder bedenkt oder wahrnimmt, obwohl es sich um direkte Spiegelungen von etwas handelt, was wir im Laufe des vergangenen Tages getan oder gesehen haben. Diese erinnerten Erfahrungen unseres Alltagslebens scheinen sich in einem gewissen Abstand von unserem jetzigen Standort abzuspielen wie ein persönliches Fernseh-Nachrichtenprogramm, das eine Zusammenfassung der wichtigsten Ereignisse unseres Tages bringt, das wir aber dennoch ohne ein tieferes persönliches Gefühl der Anteilnahme sehen. Während diese Gedanken und Bilder im Blickfeld unseres sich wandelnden Bewußtseins aufflackern, löst sich nach und nach unsere volle Bindung an die Tagwelt auf. Und mit einemmal ist diese, wie der letzte Lichtstrahl bei Sonnenuntergang, vollends verschwunden.

Wir sind kein Teil der Tagwelt mehr; wir sind auf der anderen Seite der Dämmerzone herausgekommen und gehen jetzt vollständig in der Nachtwelt auf.

Wir schlafen.

II

In der Welt des Schlafes

Seit der Entdeckung des Zusammenhangs zwischen schnellem Augenrollen (REM) und Träumen 1953 wurde eine Vielzahl weiterer Erkenntnisse über den Schlaf gewonnen. Als Instrument der Untersuchungen diente hauptsächlich der sogenannte Elektroenzephalograph, der die schwachen elektrischen Impulse des Gehirns mißt und in der sichtbaren Form eines Elektroenzephalogramms, kurz EEG genannt, aufzeichnet. Ähnlich wie ein Stereoverstärker die in eine Schallplatte eingeprägten Impulse verstärkt und diese Information dann in Form verständlicher Töne an die Lautsprecher weiterleitet, so übersetzt der Elektroenzephalograph unsere Hirnströme in graphische Schemata, die der Forscher lesen und verstehen kann.

Im Schlaf- wie im Wachzustand produziert unser Gehirn laufend verschiedenartige elektrische Impulse, wobei jedoch ein deutlicher Unterschied zwischen dem vom arbeitenden Gehirn im Wachzustand produzierten Wellentyp und den im Zustand der Entspannung in der Dämmerzone ausgesandten Alpha-Wellen zu erkennen ist. Wieder ein anderes Bild zeigen die Hirnströme im Schlaf, das überdies noch nach der jeweiligen Schlafphase variiert. Diese wechselnden Impulse werden von den Schreibern des EEG-Geräts auf einem fortlaufenden Papierstreifen in Form gezackter Linien oder Wellen aufgezeichnet. Und anhand solcher Kurven entdeckte man, daß der Schlaf in einer Nacht aus vier verschiedenen Stadien, gekennzeichnet durch langsames Augenrollen (NREM = *non-rapid eye movement*), und

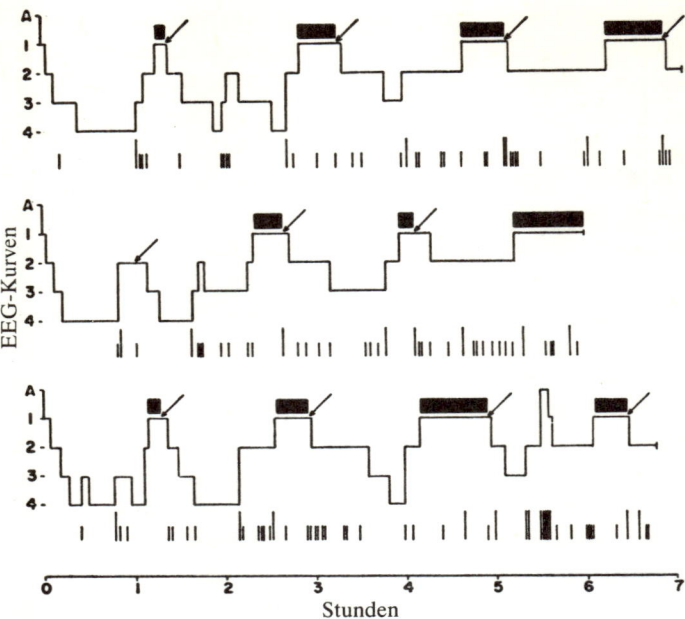

EEG-Kurve von drei Nächten. Die **dicken Balken** über den EEG-Linien zeigen Phasen an, in denen schnelle Augenbewegungen beobachtet wurden; die **Pfeile** jeweils das Ende eines EEG-Zyklus und den Beginn des nächsten; die **Striche** unter den Kurven Körperbewegungen: die längeren größere Lageveränderungen des gesamten Körpers, die kürzeren kleinere Teilbewegungen.

einem mit schnellem Augenrollen (REM) und Traumschlaf besteht.

Auf unserer Reise durch die Nachtwelt erleben wir, je nachdem, wie lange wir schlafen, vier bis sechs wiederkehrende Zyklen, deren jeder etwa anderthalb Stunden dauert und aus einem NREM-Stadium, gefolgt von einem REM-Stadium, besteht. (Vgl. oben die Abbildung der Schlafkurve mit den typischen Schlafstadien.)

32

Dank EEG und verschiedener Meßinstrumente für die Bewegung der Augen, für die Muskeltätigkeit, die Atmung und für andere Funktionen hat die Schlafforschung eine klare Beschreibung der Schlaferfahrung geschaffen, auf deren Grundlage wir die Gipfel und Täler unserer Reise durch die Nacht kartographisch genau eintragen können. Mit anderen Worten, wir können genau beschreiben, was wir in der Zeit unseres Daseins erleben, die wir mit Schlafen verbringen.

Was passiert in der Schlafwelt mit unseren Sinnen? Wieviel hören wir? Wie bewegen sich unsere Augen, wenn wir unseren Träumen »zuschauen«? Wann bewegen wir uns in der Nacht und wechseln dabei unsere Lage?

Wir sind also eingeschlafen.

Die Dämmerzone liegt hinter uns, wir sind voll in die Schlafwelt eingetreten. Noch wäre es ein leichtes, uns wieder aufzuwecken; ja womöglich würden wir in diesem Fall sogar behaupten, wir seien noch gar nicht eingeschlafen gewesen. Trotzdem ist uns bereits etwas Bemerkenswertes zugestoßen, auch wenn wir es gar nicht bemerkt haben: Wir sind praktisch blind geworden.

Im Wachzustand sind unsere Augen ständig in Bewegung; sie schwenken wie der Zwillingslauf einer Schrotflinte gemeinsam hin und her. In der Dämmerzone werden diese koordinierten Bewegungen dann immer langsamer, die Pupillen verengen sich und schließen das Licht aus. Und wenn wir schließlich vollends in die Schlafwelt eintreten, machen unsere Augen langsame Rollbewegungen. Werden die Lider nun hochgezogen, registriert der Schläfer, wie durch wiederholte genaue Tests in Schlaflabors experimentell nachgewiesen wurde, das einfallende Licht nicht und erinnert sich auch später nicht daran. Jeder Hunde- oder Katzenbesitzer hat sich selbst schon von dieser funktionalen Blindheit bei schlafenden Tieren überzeugt: Ein auf dem

Sofa mit offenen Augen schlafender Hund wird nicht reagieren, wenn wir ihm mit der Hand vor der Nase herumfahren, wie im übrigen selbst Menschen – Beweis dafür sind z. B. postenstehende Soldaten in der Nacht – mit offenen Augen schlafen können.

Wenn wir also einmal eingeschlafen sind, wird uns Licht deshalb kaum stören. Sehr wohl dagegen kann uns ein lautes, ungewohntes Geräusch wieder aufschrecken lassen. Das heißt nicht, daß uns Lärm grundsätzlich beim Schlafen stören oder wachhalten müßte. Wir können uns recht gut an den Baulärm von nebenan gewöhnen, wie Soldaten ja auch trotz des Kanonendonners auf dem Schlachtfeld schlafen können. Manche Leute schlafen mit bestimmten Geräuschen sogar besser als ohne und lassen zum Einschlafen gern das Radio oder das Fernsehgerät an. Eine junge Frau aus San Francisco z. B. bekannte in einem Zeitungsinterview, ohne Rockmusik nicht einschlafen zu können und deshalb mit Kopfhörern zu Bett zu gehen, um ihre Eltern durch die laute Musik nicht zu stören.

Aber wenn wir auch bei Lärm schlafen können, ja in manchen Fällen sogar eine bestimmte Geräuschkulisse brauchen, so trifft das aber nicht auf alle Geräusche zu. Mögen sie uns, wenn sie uns vertraut sind, auch nicht stören, ja sogar beruhigen, so kann uns doch ein unerwartetes, ungewohntes Geräusch schlagartig hochschrecken lassen. Sich an ein schlafendes Tier anzupirschen, ist, selbst im Zoo, nahezu unmöglich. Ähnlich alarmbereit reagiert das menschliche Gehör die ganze Nacht hindurch auf außergewöhnliche Geräusche. Ein Beweis für die Ansprechbarkeit unseres Ohrs im Schlaf ist das automatische Erwachen der Eltern bei Babygeschrei aus dem Kinderzimmer.

Der Schlaf beginnt nicht selten mit einem scharfen Ruck, wie wir ihn vom Anfahren eines Zuges oder eines Busses her kennen. Dieses plötzliche Zusammenzucken in Stadium I des NREM-Schlafes, der sogenannte myoklonische Stoß (Myoklonie = Schüttelkrampf), wird durch einen plötzlichen Stromstoß im Gehirn verursacht. Er ist gewissermaßen ein epileptischer Anfall in Miniaturausgabe, trotzdem aber ein völlig normaler Bestandteil unserer Schlafwelt. Meistens spüren wir ihn auch gar nicht und setzen, wieder entspannt, die Reise in die Nacht fort.

Wir passieren nun die beiden ersten Phasen des Schlafes. In dem leichten Schlaf von Stadium I zeigt das EEG ein Muster ähnlich einer Reihe dicht und schnell hingekritzelter m-Buchstaben. Diese Phase dauert etwa fünf Minuten. Dann ändern sich die Hirnstromwellen. Wir treten in Stadium II des NREM-Schlafs ein, und nun würden die Schreiber eines EEG-Geräts in einem Schlaflabor ein neues Muster in schnellen Stößen aufzeichnen, das einer Drahtspule ähnelt. Dieses Stadium scheint eine Übergangsphase vom leichten Schlaf des Stadiums I zum tieferen Schlaf der Stadien III und IV zu sein.

Nun sind wir ganz von der Schlafwelt eingeschlossen und treiben einem grenzenlosen Horizont entgegen. Die Stadien III und IV sind beide von langen, langsam rollenden Hirnwellen gekennzeichnet. Lassen sich die Hirnwellen im Wachzustand den kurzen, schnellen, gekräuselten Wellen am Meeresufer an einem windigen Tag vergleichen, so gleichen die langsamen Wellen der Stadien III und IV den für das Surfbrett idealen hochgehenden, aber nicht überkippenden Brechern. Diese langsamen Wellen treten beim normalen Menschen im Wachzustand nicht auf, gelegentlich jedoch bei Hirnschäden: also auch hier wieder ein deutlicher Hinweis auf den fundamentalen Unterschied zwischen der Physiologie des Schlafes und der des Wachzustandes.

Die Wellen der Stadien III und IV sind *synchronisiert*. Nicht so die Hirnwellen des Wachzustandes, in dem das Gehirn so viele verschiedenartige, oft recht komplizierte Funktionen

z. T. ganz plötzlich zu erfüllen hat, daß sich die plötzlichen unregelmäßigen Aktivitätsausbrüche der einzelnen Hirnpartien in Form *nicht-synchronisierter* Wellen im EEG niederschlagen. Je tiefer wir aber schlafen, desto weniger Funktionen des Gehirns werden in Anspruch genommen. Ergebnis: Die Wellen werden mit zunehmender Entspannung im Schlaf immer synchroner – Zeichen dafür, daß Körper und Gehirn im Schlaf sanft dahinsummen wie ein leerlaufender Motor.

Wir liegen jetzt im Tiefschlaf. Unsere Augen bewegen sich kaum noch. Unser Körper hat sich in seiner eingenommenen Schlafhaltung gänzlich entspannt. Und doch tritt nun etwas ein, was nicht eintritt, wenn wir wach sind: Der Spiegel bestimmter biologisch aktiver Chemikalien steigt, und bestimmte Aminosäuren werden in verschiedenen Zellen und Zellpartien des Hirngewebes gespeichert. Bekommen wir nicht genügend Schlaf, erfolgt dieser Aufbau nicht mit der erforderlichen Regelmäßigkeit – und das ist einer der Gründe, weshalb sich Schlafentzug über längere Zeiten hinweg so verheerend auf unsere Leistungsfähigkeit auswirkt.

Während des Schlafes werden aber auch noch andere physiologische Prozesse wirksam. Verschiedene Hormone werden produziert, die der Körper z. T. schon während des Schlafes zu einer Reihe biologischer Zwecke verwendet, während er andere für seine zukünftigen Bedürfnisse im Wachzustand speichert. Diese biochemischen Prozesse stehen gegenwärtig im Mittelpunkt der experimentellen Schlafforschung. Erst vor kurzem näher in den Blickpunkt gerückt, sind sie noch weitgehend unbekannt oder unverstanden. Immerhin aber wissen wir bereits, daß im Schlafzustand in großen Mengen die Abwehrstoffe gegen Infektionen produziert werden. Im Ruhezustand kann der Körper für diese Wiederaufbauprozesse gewissermaßen mehr Kraft freisetzen, weshalb Schlafen gegen Krankheit immer noch das beste Rezept ist.

Aber neben diesen Körper- und Hirntätigkeiten im Schlaf ist noch ein anderer Aspekt zu erwähnen. Wenn wir den ganzen Schlafzyklus durchlaufen, wechseln die Stadien des NREM-Schlafes in vorhersehbaren Intervallen mit einer fundamental anderen Schlafart, dem REM- oder Traum-Schlaf. Nun kann es zwar auch in der NREM-Phase zu Träumen kommen, aber nicht zu der für den REM-Schlaf kennzeichnenden bizarren, phantastischen Art. Die Träume des NREM-Schlafes gleichen eher Gedanken im Wachzustand. Sie sind voll von Bildern aus der Alltagswelt, kreisen z. B. um ein bestimmtes Problem im Büro oder um die Zusammenstellung eines Einkaufszettels. Die erste REM- oder Traumphase, die etwa neunzig Minuten nach dem Einschlafen eintritt, ist die kürzeste und dauert im allgemeinen fünf bis zehn Minuten. Die folgenden, die wir auf unserer Reise durch die Nacht durchlaufen, dehnen sich dann immer länger aus. Und die längste, die am Morgen kurz vor dem Erwachen zu beobachten ist, kann sich über eine halbe Stunde und mehr hinziehen.

Unmittelbar vor dem ersten Traum-Schlaf ändert der Körper seine Schlafposition. Zwar kommt es, vor allem bei Menschen, die aus Krankheitsgründen oder aus Angst schlecht schlafen, gelegentlich auch im NREM-Schlaf zu Bewegungen, die meisten größeren Bewegungen während der Nacht aber erfolgen jeweils unmittelbar vor und nach den einzelnen REM-Träumen. Während des Traums selbst bewegt sich der Körper nicht, ja er ist, da er in dieser Phase aufgrund des stark verminderten Muskeltonus schlaff und wie gelähmt ist, zu einer größeren Bewegung überhaupt nicht imstande. So kann man z. B. bei Katzen an der Veränderung der Kopfhaltung genau feststellen, wann sie in die REM-Phase eintreten. Die hinteren Nackenmuskeln geben plötzlich nach und der Kopf fällt wie bei einem alten Mann, der im Schaukelstuhl einnickt, nach vorn auf die Pfoten.

Wir schlafen jetzt seit gut anderthalb Stunden und werden gleich den ersten Traum dieser Nacht träumen. Wir drehen uns um. Sind wir in der halbfoetalen Haltung (Foetus = Kind im Mutterleib ab dem 3. Monat), also mit angewinkelten Knien auf einer Seite liegend, eingeschlafen, so werden wir nun, vermutlich dieselbe Stellung beibehaltend, die Seite wechseln.

Unmittelbar vor Traumbeginn zeigt das EEG Ausbrüche von m-förmigen Wellen, die wie die Zähne einer Säge aussehen. Nun beginnen sich auch unsere Augen im Traum unter den geschlossenen Lidern wieder zu bewegen und in derselben schnellen synchronisierten Bewegung hin und her zu rollen wie im Wachzustand. Diese schnelle Bewegung der Augen spiegelt vermutlich den Inhalt unseres Traums. D. h., träumen wir z. B., einen Raum voller Menschen zu betreten, so werden unsere Augen von einer Seite zur anderen wandern wie in der Tagwelt bei der Betrachtung einer vor uns liegenden horizontalen Szene. Träumen wir dagegen zu fliegen, so werden sie sich in einer vertikalen Richtung, gewissermaßen vom Boden unten zu den Wolken hinauf, bewegen.

Wir »sehen« unsere Träume im wahrsten Sinne des Wortes und »folgen« ihrer sich entfaltenden Handlung mit unseren Augen. Beweis dafür: Von Geburt an Blinde haben keine visuellen Träume, »sehen« ihre Träume nicht, sondern nehmen sie mit den ihnen zu Gebote stehenden Sinnen wahr: sie fühlen, hören, riechen sie. Wenn sie versuchen, die Form der geträumten Gegenstände – etwa die Rundung einer Perle oder die Länge eines Stockes – zu erfassen, geraten ihre Fingerspitzen in eine flatternde Bewegung, wohingegen erst später Erblindete nach wie vor »mit den Augen träumen«.

Für uns alle jedoch gilt, ob blind oder nicht, daß wir während des Träumens nur sehr wenige Bewegungen ausführen können. Während wir wohl Finger und Zehen zu rühren vermögen, sind Rumpf, Nacken, Lider und die größeren Arm- und Beinmuskeln von der bereits erwähnten Lähmung befallen. Eine Ausnahme neben Fingern, Zehen und Augen machen nur die Genitalien, die bei Männern wie bei Frauen in der REM-Phase gewöhnlich anschwellen, so daß sich Penis wie Klitoris mit Blut füllen und steif werden.

Mit der Erektion der Genitalien während des REM-Schlafes hat sich die Wissenschaft erst in den letzten fünfzehn Jahren wirklich eingehend befaßt. Früher glaubte man, die Erektionen, die viele Männer morgens beim Aufwachen konstatieren, würden durch hohen Blasendruck verursacht. Mittlerweile jedoch hat man nachgewiesen, daß sie mit der morgendlichen REM-Periode, der längsten einer Nacht, zusammenfallen. Heute weiß man, daß es darüber hinaus bei sämtlichen REM-Perioden einer Nacht zu Erektionen kommt, die allerdings durch Angst in Verbindung mit Alpträumen unterbunden werden können.

Nachgewiesen wurden die genitalen Erektionen im Schlaf mit Hilfe einer um den Penis gelegten, mit Wasser gefüllten Manschette, die an ein Druckmeßgerät angeschlossen war. Bei Frauen mußten diese Untersuchungen in Fällen angeborener Klitorishypertrophie durchgeführt werden, da sonst die Manschette nicht hätte eingesetzt werden können. Zur Überprüfung der wissenschaftlichen Brauchbarkeit der auf diese Weise bei Frauen erzielten Ergebnisse wurden Vergleichs- und Kontrollwerte bei Fällen von angeborener Penishypertrophie gemessen.

Praktische Anwendung finden diese Untersuchungen bei der Diagnose männlicher Impotenz, die physisch oder psychisch bedingt sein kann. Physische Impotenz tritt im Falle von Nervenschäden wie z. B. in verschiedenen fortgeschrittenen Stadien von Diabetes (Zuckerkrankheit) auf und kann durch Implantation einer Prothese in den Penis behoben werden, die, mit einer Flüssigkeit aufgefüllt, eine künstliche Erektion herbeiführt. Im Falle einer solchen organischen Nervenschädigung erfolgen natürlich auch während des REM-Schlafes keine Erektionen, sehr wohl dagegen in Fällen, in denen ein Mann in sexuellen Situationen impotent ist. So läßt sich also mit Hilfe von Erektionsaufzeichnungen und EEG-Auswertung die jeweilige Art der Impotenz ermitteln und die geeignete Behandlung – bei emotional verursachter Impotenz Beratung, Psychotherapie oder Sextherapie, und bei Nervenschäden Implantation einer Prothese – verordnen.

Aus dem eben Gesagten lassen sich einige interessante Rückschlüsse auf anderen Gebieten ziehen: Zu früh geborene Babies verbringen achtzig Prozent ihrer Schlafzeit in dem REM-artigen Zustand der Erregung. Genauso scheint sich der Foetus in den letzten beiden Monaten im Mutterleib, einschlägigen Untersuchungen zufolge, einen noch größeren Teil der Zeit in einem ähnlichen Zustand zu befinden; er hat also womöglich – eine interessante Hypothese – eine ziemlich konstante genitale Erregung.

Zum Zeitpunkt der Geburt verbringt das normale Kind etwa 50 Prozent seiner Schlafzeit im REM-Schlaf. Dieser Prozentsatz nimmt mit dem Heranwachsen ständig ab und beträgt dann im mittleren Lebensalter noch etwa 25 Prozent der Gesamtschlafzeit, 75 Prozent werden im NREM-Schlaf verbracht. Ende fünfzig bis Anfang sechzig steigt der REM-Anteil wieder etwas an, fällt dann jedoch im höheren Alter erneut ab. Und das ganze Leben hindurch ist der REM-Schlaf von Erektionen begleitet, die auch noch bei Neunzigjährigen beobachtet wurden.

Der REM-Schlaf ist voller scheinbarer Widersprüche. Unser Körper ist gelähmt, und doch erleben wir genitale Erektionen. Wir schlafen, und doch bewegen sich unsere Augen, als könnten sie sehen – und in der Tat sehen wir unsere Träume ja vor uns abrollen. Außerdem kehrt sich die für den NREM-Schlaf typische Verlangsamung der Stoffwechselvorgänge wieder um. Beim Träumen schlägt der Puls schneller, steigen Blutdruck und Temperatur, atmen wir schneller und tiefer, werden mehr Verdauungssäfte und Adrenalin freigesetzt. All diese Funktionen sind im REM-Schlaf beträchtlich aktiviert – fast im gleichen Ausmaß wie im Wachzustand –, sie erreichen gelegentlich sogar eine stürmische Intensität, die im Wachzustand auf äußerste Angst, ja geradezu Panik, schließen ließe. Es ist, als spürte der Körper eine potentielle Gefahr in der Nähe und alarmierte sich gerade so weit, um diese Umgebung genau absuchen zu können, ohne jedoch gänzlich aufzuwachen – etwa wie ein U-Boot sein Periskop ausfährt, um nicht auftauchen zu müssen. Die Hirnwellen gleichen dabei – auch sie eine Bestätigung für den paradoxen »Alarmzustand« im REM-Schlaf – in erstaunlichem Ausmaß den flachen, schnellen, unregelmäßigen Wellen des Wachzustandes. Natürlich wird diese Erregung manchmal von einem Alptraum begleitet oder von einem Geräusch in der Nacht ausgelöst, und wir wachen auf. In dieser Zeit der Erregung ist bei anfälligen Personen das Entstehen von Magengeschwüren und das Auftreten von Asthma-, Herz- und Schlaganfällen besonders wahrscheinlich.

Im Schlafzustand sind wir uns der Vorgänge in unserem Gehirn und Körper nicht bewußt, wie wir uns unserer Existenz überhaupt nicht in der gleichen Weise bewußt sind wie bei Tag: Wir schlafen den »Schlaf der Toten«. Im Traumschlaf jedoch entwickeln wir ein Bewußtsein ganz eigener Art. Das Universum unserer Träume, im einen

Augenblick womöglich noch dem unserer Tagwelt ähnlich, kann schon im nächsten völlig und phantastisch anders sein. Dennoch erleben wir es, werden uns dieser andersartigen Welt bewußt. Werden wir aus einem Traum aufgeweckt, können wir ihn in den ersten fünf Minuten treffend und sehr genau erzählen. Mit anderen Worten, im Traum erleben wir die einzigartige Lebensweise, die für die Welt des Schlafes kennzeichnend ist, aufs lebhafteste.

Wie psychologische Untersuchungen ergeben haben, erleben wir im Traum – wie in anderen Zuständen von Bewußtseinsveränderung, z. B. in hypnotischer Trance, in bestimmten Arten religiöser Ekstase und unter Drogeneinfluß – kein Gefühl der Müdigkeit oder Überanstrengung. Was immer wir auch in unseren Träumen tun, wir fühlen uns nicht müde. So rennen wir vielleicht, ohne jedoch wie in der Tagwelt außer Atem zu kommen oder eine Ermattung der Muskeln zu spüren.

In der Traumwelt sind wir auch nicht wie am Tag als physisches Ich in eine konkrete Situation eingebettet. Wenn wir z. B. im Wachzustand auf einem Stuhl hinter einem Schreibtisch sitzen, sind wir uns der Tatsache, daß wir auf diesem ganz bestimmten Stuhl hinter diesem ganz bestimmten Schreibtisch sitzen, in physischer Weise aufs schärfste bewußt. In unseren Träumen dagegen können wir auf demselben Stuhl sitzen und uns doch gleichzeitig als Betrachter unserer eigenen Person erleben. Irgendwie haben wir das Gefühl, an jeder Stelle der erlebten Situation zu sein. Im Traum konzentriert sich unsere Aufmerksamkeit weniger scharf auf eine bestimmte Tätigkeit, ist unsere Wahrnehmung weniger zielgerichtet, sondern mehr auf die ganze Umgebung, gewissermaßen kosmisch, eingestellt.

Im Traum treffen wir – und hier haben wir ein weiteres Paradox der Schlafwelt – außerdem keine logischen, auf den Augenschein gegründeten Entscheidungen wie normalerweise in der Tagwelt. Gerade dieser Umstand aber bietet uns die Möglichkeit einer ganz besonderen Gedankenfreiheit. Wir können fliegen, zum Objekt werden, Unmögliches vollbringen. Denn wir sind frei von den physikalischen Gesetzen, frei von den gesellschaftlichen Verboten unseres Alltags. Von alledem frei aber, können wir ganz wir selbst werden, uns unseren heimlichsten Hoffnungen überlassen, unseren geheimsten Ängsten ohne die Tarnung und Verdrängung durch unsere tägliche Routine ins Gesicht sehen. Die Traumwelt ist keine Verzerrung unannehmbarer, verdrängter Tagweltgedanken, sondern vielmehr eine konkrete Realität, in der wir uns selbst und die von uns erfundenen Vorgänge in einer Art und Weise wahrnehmen können, die uns in der Tagwelt verschlossen ist.

In der Traumwelt verändert sich auch unsere Wahrnehmung von Zeit und Raum. Da wir uns auf die Einzelheiten der Traumumgebung weniger gut konzentrieren können, reagieren wir stärker auf eine ganze Welt, in der die Dinge an den Grenzen unserer visuellen Erfahrung in Schatten übergehen. Es ist, als lebten wir in einem endlichen und doch zugleich unbegrenzten Kosmos, ähnlich dem Universum in Einsteins Theorie. Ein im Schlaflabor aus einem Traum aufgeweckter Mann mag berichten, soeben zwanzig Stufen hinaufgestiegen zu sein, und auf die eindringliche Frage, wie viele Schritte er dabei wirklich gemacht habe, antworten: »Drei.« Diese Zahl kann durch drei vom Kontrollgerät simultan aufgezeichnete Aufwärtsbewegungen seiner Augen physikalisch bestätigt werden. Und dennoch haben ihn diese drei Schritte durch Ineinanderschieben von Zeit und Aktion ganz plötzlich alle zwanzig Stufen hinaufbefördert.

Im Traum sind wir uns der Zeitverhältnisse nur teilweise bewußt; Vergangenheit, Gegenwart und Zukunft schieben sich ineinander. Unser im Wachzustand so scharfes Empfinden für die Zeitstruktur, die Uhr-Zeit, ist gemindert. Zwar geht es auch in der Traumwelt gewöhnlich um Ereignisse, die auf uns zukommen, d. h., wir befinden uns in einer bestimmten Situation und blicken in eine unmittelbare Zukunft; aber diese Zukunft kann mit der Vergangenheit und der Gegenwart zum *Jetzt* verschmelzen. Um ein Beispiel zu nennen: Wir können uns im Traum als jüngeres Ich, womöglich sogar als Kind sehen und doch von unserer heutigen, aktuellen Welt umgeben. Oder wir erfahren, wenn gegen Morgen mit dem Längerwerden der REM-Phasen unsere Träume vielschichtiger und bizarrer werden, Gedanken und Bilder aus der Vergangenheit oft als Teil unserer Traum-Gegenwart, des *Jetzt* der Schlafwelt.

In der Traumsphäre können wir in den verschiedensten Formen und Gestalten existieren, so etwa als Staubbesen, als Gebäude, als Tier, als anonyme Person und natürlich auch als wir selbst. Wir können uns in einem Augenblick in unserem gegenwärtigen Heim befinden und im nächsten auf einer Südseeinsel, auf der wir vor zehn Jahren unseren Urlaub verbracht haben. Oder beide können vereint sein, d. h., die Hütte von der Südseeinsel kann auf einmal in unserer Straße daheim stehen. Oder wir können im einen Augenblick in Afrika und unmittelbar darauf auf dem Mond sein, obwohl wir – außer in der Vorstellung – je weder da noch dort waren.

Der Einfluß der Persönlichkeit auf den Schlaf zeigt sich nicht nur am individuell unterschiedlichen Inhalt der Träume, sondern auch an der Art und Qualität des Schlafes selbst. Schöpferische Menschen und Tüftler – wie auch Menschen mit neurotischen Konflikten – neigen im allgemeinen dazu, länger zu schlafen, den REM-Schlaf auszudehnen und weniger erfrischt aufzuwachen als Leute, die unkompliziert und pragmatisch veranlagt sind. Pragmatiker, die im Wachzustand Unklarheiten, Konfliktsituationen und

Probleme zu vermeiden trachten, verhalten sich ebenso im Schlaf, träumen folglich weniger und erfahren die paradoxe Freiheit von Bild und Aktion im Traum weniger tief. Dafür schlafen sie schnell ein, brauchen weniger Schlaf und sind, da zu viel Schlaf ebenso schwächen kann wie zu wenig, vielfach emotional recht gesund.

Damit soll aber nichts gegen schlechte Schläfer gesagt sein. Viele Leute versuchen, im Schlaf Probleme zu lösen. Wie oft bekommt man zu hören: »Darüber muß ich erst einmal schlafen.« In der Tat sind viele der größten Entdeckungen der Menschheit nicht mit kaltem, logischem Verstand oder durch gelenkte Experimente, sondern im Schlaf oder einem schlafähnlichen Zustand wie Kontemplation oder Wachtraum gemacht worden. Descartes, der allgemein als Vater des modernen naturwissenschaftlichen Denkens gilt, konzipierte in einer Nacht im Jahre 1619 in drei verschiedenen Träumen die Grundideen zu seinem methodologischen, mathematischen und naturwissenschaftlichen Werk.

Im Zentralmassiv der Malaiischen Halbinsel lebt ein Naturvolk, die Temiar, dessen Angehörige sich in einem erstaunlichen Ausmaß dazu erzogen haben, ihre Lebensprobleme im Schlaf aufzuarbeiten. So werden von ihnen intensiv jeweils die Träume der vergangenen Nacht diskutiert. Unter der Anleitung der Stammeshäuptlinge, die gewissermaßen die Rolle von Psychotherapeuten übernehmen, werden die Stammesangehörigen von Kindesbeinen an dazu angehalten, Kontrolle über ihre Traumgedanken zu gewinnen und sogar bestimmte Träume selbst herbeizuführen.

Tatsächlich gelingt es ihnen, durch einen derart geplanten und programmierten Einsatz von Träumen sich von vielen Ängsten und Phobien zu befreien und infolgedessen soziale Konflikte untereinander praktisch auszuschalten. Sie können auch ihre Feinde im Traum besiegen, was dank dem dadurch gewonnenen Gefühl der Sicherheit und des Triumphes wirkliche kriegerische Auseinandersetzungen weitgehend überflüssig macht, denn die Nachbarstämme fühlen sich durch die scheinbar »magischen« Kräfte dieser selbstsicheren, auf Traum gebauten Gesellschaft eingeschüchtert. So wird hier durch eine Art psychologischer Kriegführung die blutige Auseinandersetzung mit anderen Stämmen umgangen.

Obgleich die Temiar im strikt anthropologischen Sinn zu den »Primitiven« zählen, hätten viele von uns sogenannten »Zivilisierten« allen Anlaß, sie um ihre hochentwickelte Fähigkeit zu beneiden, das Lebensdrittel, das der Mensch mit Schlafen verbringt, wahrhaft schöpferisch zu verwenden. Sie beweisen, daß das Universum des Schlafes nicht reines Vergessen oder nur körperliche Erholung zu sein braucht; daß wir in der Schlafwelt vielmehr Gelegenheit haben, eine andere Welt kennenzulernen und aus ihr Wissen über uns mitzubringen, das uns auch in der Tagwelt sehr zustatten kommen kann.

Am tiefsten schlafen wir im Stadium IV des NREM-Schlafes. In dieser Zeit sind das gewöhnlich aktive Gehirn und der Körper am intensivsten auf ihre Erholung konzentriert. Diese Phase liegt geballt in der ersten Hälfte der Nacht, ja wir verbringen in den ersten anderthalb Stunden Schlaf ebenso viel Zeit im Stadium IV wie in der übrigen Nacht. Die Laborversuche haben also die alte Volksweisheit vom »gesunden Schlaf vor Mitternacht« bestätigt. Im übrigen dürfte die Tatsache, daß das NREM-Stadium IV allgemein als der erfrischendste Schlaf gilt, und wir einen so großen Teil davon schon in den ersten Stunden der Nacht mitbekommen, die Prahlerei vieler berühmter Männer erklären, nur drei oder vier Stunden Schlaf pro Nacht zu brauchen. Tatsächlich mögen Napoleon, Edison u. a. mit so wenig Schlaf ausgekommen sein und auf die weniger erfrischenden

Stadien verzichtet haben, ohne sich über Gebühr müde zu fühlen. Dafür aber dürften sie tagsüber immer wieder einmal kurz eingenickt sein.

Versuche haben gezeigt, daß der NREM-Schlaf für ein gesundes Funktionieren unseres Körpers im Wachzustand unentbehrlich ist. Man kann einem Menschen, ohne ihm ersichtlich zu schaden, den REM-Schlaf entziehen, indem man ihn aufweckt, sobald das EEG den Traumbeginn anzeigt – nicht aber den NREM-Schlaf! In diesem Fall würde er schließlich ebenso reizbar und geistig schwerfällig, wie das bei völligem Schlafentzug bezeichnend ist.

Zwischen Körpergröße und REM-Schlaf besteht eine direkte Beziehung. Vögel z. B. verbringen nur ein bis fünf Prozent ihrer Schlafzeit in der REM-Phase. Die längsten REM-Schlaf-Phasen haben Mensch, Elefant und – angemessenerweise – das große Faultier. Außerdem scheinen REM-Schlaf und Evolutionsstufe zusammenzuhängen. So kennen die ältesten Landtiere, Schlangen und andere Reptilien, nur NREM-Schlaf. Die Vögel, die nächste Gattung auf der Stufenleiter der Evolution, zeigen bereits etwas REM-Schlaf, und die Säugetiere, relative Neulinge auf dem Schauplatz der Evolution, haben beträchtliche REM-Phasen.

Von den Säugetieren haben nur zwei keinen REM-Schlaf: die in Australien und auf den benachbarten Inseln beheimateten Schnabeltiere und Ameisen- oder Schnabeligel. Diese Überreste einer vorgeschichtlichen Klasse von Tieren, die entwicklungsmäßig in der Mitte zwischen Reptilien und Säugetieren steht, wurden offensichtlich durch die Loslösung Australiens von dem großen Superkontinent, der ursprünglich Afrika, Indien und Australien umfaßte, vor dem Aussterben bewahrt. In dieser von Raubtieren freien Umgebung konnten sie bis heute überleben. Mit den

Säugetieren haben sie das Säugen der Jungen gemein, mit den primitiveren Reptilien das Eierlegen und deren Gehirnstruktur, also auch den fehlenden REM-Schlaf.

Aber träumen die Tiere, deren Hirnwellen auf einen REM-Zustand schließen lassen, auch wirklich?

In gewisser Hinsicht muß die Antwort auf diese Frage spekulativ bleiben, da Träume letztlich nur durch den Bericht des Subjekts, durch das Nacherzählen eines Trauminhalts, verifiziert werden können – was Tiere eben nicht vermögen. Andererseits aber gleichen bestimmte, bei Pferden, Elefanten, Hunden und anderen Tieren in unterschiedlicher Dauer während des Schlafes auftretende Hirnwellen denen der REM-Phasen bei Menschen geradezu erstaunlich. Und wer hat nicht schon selber einmal einen keuchenden, zuckenden Hund, dessen ganzes Verhalten seine Träume verriet, aus einem »Alptraum« aufgeweckt? Pferde, die allen Anzeichen nach ebenfalls Alpträume haben können, schlafen in der NREM-Phase im Stehen, legen sich aber im REM-Schlaf aufgrund der in dieser Phase auftretenden funktionalen Lähmung nieder.

Trotz all der Untersuchungen jedoch, die Wissenschaftler in den letzten Jahren angestellt haben, um die Geheimnisse des Schlafes bei Mensch und Tier zu enträtseln, wissen wir noch immer nicht, warum wir den Schlaf eigentlich brauchen. Pawlow sah im Schlaf eine Hemmung des wachen Gehirns. Einer anderen Theorie zufolge ist der Schlaf eine Art Abschalten zum Zwecke der Wiedereinregulierung der für die Tagesaktivität nötigen Körperabläufe und chemischen Stoffe. Daneben gibt es die Vergiftungstheorie, die die Anreicherung einer bis jetzt noch nicht identifizierten toxischen Substanz im Körper für die Ursache des Schlafes hält.

Die Säuberungstheorie wiederum beruht auf der Überzeugung, im Schlaf erfolge eine Art geistiger Kaminkehrung, bei der überflüssiger Ideen- und Erinnerungsballast hinausgefegt werde. Nach der Reorganisationstheorie ist der Schlaf, und hier wiederum hauptsächlich der REM-Schlaf, ein Prozeß, in dem unsere Gedanken wieder geordnet werden. Nach der Erhaltungstheorie schließlich sorgt der Schlaf für die Erhaltung der Nervenkraft. Verwandt hierzu ist die Wachpostenfunktionstheorie: Es sei die Aufgabe der REM-Phase, Tier oder Mensch periodisch bis an die Schwelle des Erwachens zu holen, damit sie sich von der Sicherheit ihrer Umgebung sogar im Weiterschlafen überzeugen können.

Niemand aber hat bis jetzt definitive Beweise für die exakte Funktion des Schlafes erbringen können. Gegenwärtig wissen wir lediglich, daß der Schlaf unentbehrlich ist, daß Hirn- und Körpertätigkeit im Schlaf vorhersehbaren Zyklen folgen, und daß sich längerer Schlafmangel nachteilig auf das Verhalten des Individuums auswirkt.

Die Nacht vergeht.

Wir durchlaufen die vier Stadien des NREM-Schlafes rückwärts und vorwärts, treten periodisch in die REM-Phase ein und verlieren uns in unseren einsamen Träumen.

In den frühen Morgenstunden fällt, wie gesagt, das Stadium IV des NREM-Schlafes praktisch aus. Den größten Teil dieser Zeit verbringen wir entweder mit REM-Träumen oder im Stadium II. Die letzte und längste REM-Phase der Nacht führt uns dann allmählich in die Tagwelt zurück. Kontinuierlich spült uns die lange Traumperiode am Morgen dem wachen Bewußtsein zu, dem der REM-Schlaf ohnehin am nächsten kommt. Der Körper beginnt wieder auf Touren zu kommen, Blutdruck und Temperatur steigen. Der Puls schlägt schneller, wir atmen tiefer. Die dämpfende Hemmung der Wachzentren im Gehirn verliert sich; sie beginnen uns aufzuwecken. Die Lichtempfindlichkeit kehrt zurück, wir sind nicht mehr praktisch blind. Das durch die Vorhänge einfallende Sonnenlicht kann uns jetzt stören und uns veranlassen, nach Beendigung der letzten REM-Periode den jetzt wieder frei beweglichen Körper davon abzukehren. An diesem Punkt, an dem wir aus dem vollen Schlaf aufwachen, vermögen wir unsere Körperhaltung bewußt wahrzunehmen. Halb erwacht, nehmen wir das Morgenlicht und vielleicht eine noch nicht abgeklungene Schwellung der Genitalien aus der letzten REM-Periode wahr.

Und nun erleben wir wieder jene halluzinationsartigen Bilder, die uns vor sieben oder acht Stunden an die Schwelle des Schlafes begleiteten, nur daß sie uns jetzt länger vor Augen bleiben als in der Dämmerzone. Immer wieder fallen wir in einen leichten Dämmerschlaf. »Habt Ihr je einen Traum laufen sehen?« fragt ein altes Lied. Aber ja doch, das haben wir in gewisser Hinsicht alle, denn nicht immer verschwinden diese visuellen Morgenhalluzinationen sofort mit dem Aufschlagen der Augen.

Nur jeder sechste Mensch ist imstande, von sich aus zu einer bestimmten Zeit aufzuwachen. Natürlich werden wir alle von einer Vielzahl biologischer Uhren beherrscht, aber nur wenige von uns können sie nach ihrem Willen stellen. Dieser Uhren werden wir uns besonders nach einer mit einer beträchtlichen Zeitverschiebung verbundenen nächtlichen Flugreise oder bei der ersten Nacht- oder Spätschicht bewußt. Im Normalfall aber verlassen wir uns vorsichtshalber nicht auf ihre Genauigkeit, sondern lassen uns lieber zur angegebenen Stunde von dem schrillen Ton eines Weckers oder einem kleinen Schlag auf die Schulter durch Eltern, Freund oder Ehepartner wecken. Ja, viele Leute vermögen sogar handfesten Bemühungen, sie zu wecken, noch zu widerstehen. Vor allem Jugendliche besitzen eine bemerkenswerte Fähigkeit, sich in die Schlafwelt zurück zu flüchten, um sich dem Tag mit seinen Forderungen, die sie immer mehr in die Welt der Erwachsenen hinüberdrängen, so lange wie möglich zu entziehen.

O, wie hassen wir es, morgens aufzustehen! Oder zumindest doch einige von uns.

Samuel Johnson, der große englische Literat des 18. Jahrhunderts, verabscheute das Aufstehen. Witzig und ironisch wie immer, schrieb er über seine Gewohnheit, lange zu schlafen: »Ich bin mein ganzes Leben lang bis zum Mittag im Bett geblieben; und dennoch sage ich allen jungen Männern, und sage es ihnen in großem Ernst: Keiner, der nicht beizeiten aufsteht, tut je gut.« Johnson, der ebenso gern aß und trank wie er schlief, war ein typisches Nachtlicht, eine richtige Nachteule, die die Vormittage am liebsten ganz abgeschafft hätte. Im Gegensatz zu ihm halten viele andere, die Lerchen unter uns, den Morgen für die beste Zeit des Tages und springen buchstäblich, frisch gestärkt, sofort nach dem Erwachen aus dem Bett. Die meisten allerdings liegen verhaltensmäßig irgendwo zwischen diesen beiden Extremen und sind weder freudig erregt darüber, aufstehen zu dürfen, noch geneigt, im Bett zu »überwintern«.

Beim Wiedereintritt in die Tagwelt ist der Geist an Wachheit vielfach dem Körper voraus. Die meisten von uns sind, wie Experimente gezeigt haben, beim Erwachen aus dem REM-Schlaf geistig sogar schon erstaunlich munter. Viele sind ungewöhnlich produktiv in Wortassoziationen und im schöpferischen Denken, haben aber andererseits, aus der lähmungsartigen Schlaffheit der letzten REM-Phase auftauchend, natürlich Schwierigkeiten, irgendwelche Aufgaben auszuführen, die manuelle Geschicklichkeit erfordern.

Unser Gehirn, schon beim Träumen schöpferisch tätig, ist bereits angekurbelt, während unser hinterdreinhinkender Körper Zeit braucht, die REM-Lähmung abzuschütteln. Wir müssen ihn in gewisser Hinsicht erst aus der horizontalen Schlafwelt in die Tagwelt hochhieven und ihn in eine Linie mit der aufrechten, vertikalen Orientierung des wachen Lebens bringen. Aus diesem Grund empfiehlt es sich, der senkrechten Welt langsam entgegenzutreten: mit dem rechten Fuß voran, wenn man Rechtshänder, mit dem linken, wenn man Linkshänder ist, und den anderen Fuß nur *ganz langsam* nachziehen. Erst jetzt sind wir bereit, auf unseren Beinen zu stehen und wieder anzufangen.

III
Der Körper im Dunkeln

Eine Anzahl meiner Patienten litt an der sogenannten Schlaflähmung, bei der der Patient, wenn er morgens aufwacht, unfähig ist, sich zu bewegen. Er ist geistig in die Tagwelt zurückgekehrt – er ist wach, weiß, wo er ist –, aber sein Körper lebt noch in der Schlafwelt, genauer, er verhält sich wie im REM-Schlaf. Natürlich jagt dieser Zustand dem Patienten einen gewaltigen Schrecken ein. Durch dieses »Auseinanderfallen« von Körper und Geist hat er gleichzeitig an beiden Welten teil.

Normalerweise erleben wir die Tagwelt ungeteilt – d. h., Körper- und Gedankenabläufe sind auf das Tagesgeschehen gerichtet. Ebenso erleben wir normalerweise unsere Reise durch die Nachtwelt ungeteilt – unsere geistige wie unsere körperliche Haltung sind auf den Schlafzustand abgestellt. Die morgendliche Schlaflähmung nun macht uns klar, wie sehr unser Körper im Dunkeln an die Fläche gebunden ist, auf der er ruht: das Bett. Der schlafgelähmte Patient, der auf dem Bett liegt, muß sich seines ruhenden Körpers zwangsläufig in ganz anderem Ausmaß bewußt werden als der stehende oder aufrecht sitzende Mensch: Bei aufrechter Haltung wird das Gewicht unseres Körpers von der elastischen Krümmung der Wirbelsäule und den Knorpelpolstern der verschiedenen Gelenke abgefangen, die wie Puffer wirken, so daß wir die Schwerkraftabhängigkeit unseres Daseins nicht in vollem Umfang erleben. Im Schlaf dagegen verfügen wir nicht über diese natürlichen Stoß- und Gewichtsdämpfer: In der horizontalen Lage spüren wir das

Gewicht der Schwerkraft, das unvermindert an jedem Zentimeter unseres Körpers zerrt. Und da im Schlafzustand auch die stolze Allmacht des Kopfes und des Denkens gebrochen ist, herrscht dort größere Gleichheit zwischen Körper- und Denkabläufen.

Während das Opfer der Schlaflähmung geistig in der Tagwelt und körperlich in der Nachtwelt lebt, kann sich diese Diskrepanz zwischen Tag- und Schlafwelt auch umgekehrt äußern: Beim Schlafwandeln und Aufsitzen im Schlaf verhält sich der Körper im Dunkeln, als lebte er in der Tagwelt, während das Individuum geistig noch in der Schlafwelt ist.

Im Zweiten Weltkrieg habe ich selbst einmal ein interessantes Beispiel für Aufsitzen im Schlaf erlebt. Ich war gerade am Einschlafen, als sich plötzlich der neben mir liegende Kamerad im Schlaf aufrichtete, etwas über »Collins Avenue« murmelte und sich danach sofort wieder in eine horizontale Schlafposition fallen ließ. Daraufhin setzte sich der neben ihm schlafende Soldat im Bett auf, fragte: »Hast du Collins Avenue gesagt?« und ließ sich ebenfalls sofort wieder nach hinten fallen. Als ich sie am nächsten Morgen nach dieser erstaunlichen Schlafunterhaltung fragte, wußte keiner von beiden auch nur ein Wort davon.

Menschen, die an Herz- oder Atembeschwerden leiden, finden es gewöhnlich schwer, sich, wie es ihre Krankheit erfordert, an eine sitzende Schlafposition zu gewöhnen. Die natürliche Körperachse im Dunkeln liegt nun einmal horizontal. Gegen eben diese Regel aber verstießen im oben geschilderten Fall innerhalb weniger Sekunden gleich zwei Personen, die darüber hinaus sogar den ersten Ansatz zu einer Tagesunterhaltung machten. Vermutlich hatte der erste Soldat im Schlaf an unseren gerade erst abgeschlossenen Ausbildungsaufenthalt in Miami Beach gedacht, bei dem wir viel Freizeit und Sonnenschein gehabt hatten.

Überhaupt war die ganze Situation weitaus angenehmer gewesen als in dem unwirtlichen Feldlager, in dem wir jetzt lagen, und so hatte vermutlich die Erinnerung an Miami und seine Hauptstraße, die Collins Avenue, genügt, den ersten Soldaten im Bett hochfahren zu lassen, um zu dieser angenehmen, vertrauten Tagweltszenerie körperlich zurückzukehren. Eine offensichtlich ganz ähnliche Reaktion hatten seine Worte beim zweiten Soldaten ausgelöst.

Tatsächlich sind Aufsitzen im Schlaf und Schlafwandeln oft mit dem Wunsch verbunden, an einen Ort oder in eine Situation zurückzufinden, an dem oder in der man sich früher geborgen fühlte, die einem unter den gegenwärtigen Umständen jedoch versagt sind. So berichteten mir einige meiner männlichen Patienten, die den Zweiten Weltkrieg als Kinder erlebt hatten, sie hätten kurz nach Kriegsende mit dem Schlafwandeln begonnen. Spezifisch für ihren Fall war, daß sie, als ihre Väter im Feld waren, im Schlafzimmer der Mutter, manchmal sogar in einem Bett mit ihr geschlafen hatten, nach der Rückkehr des Vaters aber aus dem elterlichen Schlafgemach vertrieben worden waren. Daraufhin hatten diese »jugendlichen Liebhaber« – ein gutes Beispiel für die oedipale Rivalität mit dem Vater – versucht, im Schlaf in die ersehnte Welt einzudringen, und waren mitten in der Nacht plötzlich im Schlafzimmer der Eltern gestanden.

Schlafwandeln hat natürlich nichts mit Träumen zu tun, ist doch der Körper im REM-Stadium gelähmt. Gewöhnlich tritt es im Tiefschlaf von Stadium IV auf – eine Tatsache, die allein schon deutlich zeigt, daß der Körper im Dunkeln nicht irgendein neutrales ruhendes Objekt ist, sondern voll und ganz imstande, die wichtigen Beziehungen im Leben des Individuums auf seine Art und Weise auszudrücken. Ist dieser Drang stark genug, kann sich der Körper selbst in den inaktivsten Schlafstadien wie in der Tagwelt verhalten.

Schlafwandler soll man nicht aufwecken, sondern lediglich sanft ins Bett zurückbringen. Aufwecken hieße, sie gewaltsam auf das Auseinanderfallen ihrer geistigen und körperlichen Abläufe aufmerksam zu machen, was sich verstörend und angsterzeugend auswirken könnte. Im Schlaf belassen dagegen werden sie sich an den kurzen Ausflug in der Nacht nicht erinnern. Selbst beim Herumlaufen glauben sich Schlafwandler in der Schlafwelt – was ja, obwohl sich ihr Körper wie in der Tagwelt verhält, letztlich auch zutrifft.

Daneben gibt es Menschen, auf denen die Erfahrung der Schlafwelt so schwer lastet, daß sie sich in der Tagwelt nur mühsam zurechtfinden. Als ich als junger Arzt mein psychiatrisches Praktikum an einem Krankenhaus absolvierte, fiel mir der Fall eines gut dreißigjährigen Mannes auf, der alles und jedes auf der Welt groß und dünn sah. Er hatte nicht gelernt, sich von seiner Kindheit zu lösen, auf seinen eigenen Beinen zu stehen und mit den Forderungen der Erwachsenenwelt fertigzuwerden. Zwar war er körperlich normal herangereift, aber in seinem Denken und in seiner Haltung zum Leben war er im Grunde ein Kind geblieben. Ein Baby, das in seiner Wiege ein ausschließlich horizontales Leben führt, neigt zwangsläufig dazu, alles groß und langgestreckt zu sehen. Und da der betreffende Patient die horizontale Lebenslage des Kleinkindes nie wirklich aufgegeben hatte, erschien ihm die Welt auch nach wie vor aus der Wiegenperspektive. In der Tat verbrachte dieser Mann – ein lebendes Beispiel für Oblomowismus – den größten Teil seiner Zeit im Liegen, wodurch er schon rein körperlich zum Ausdruck brachte, wie zurückgeblieben er in seiner Lebensweise war.

Das soll nun aber nicht heißen, daß das regelmäßige Einnehmen der horizontalen Lage am Tag zwingend ein Zeichen einer gestörten Persönlichkeit sein muß. Im Mittelalter und zur Zeit der Renaissance z. B. empfingen die

Könige ihren Hofstaat gern auf einer Ruhestatt liegend, wobei hinter der liegenden Haltung in diesem Fall eine eher positive als negative psychologische Aussage stand: Sie sollte der übrigen Welt klarmachen, daß ein König sich aufgrund seiner Stellung in der Gesellschaft behaglich räkeln könne, während sich alle übrigen zu seinem Thron drängen müßten. Beide Fälle jedoch lehren, daß zwischen der Körperhaltung, der Rolle und dem Charakter eines Individuums ein Zusammenhang besteht. In der Tat enthüllt uns der Körper allerlei, erlauben uns seine Haltungen und Posen wichtige Rückschlüsse auf die gesamte Lebenseinstellung eines Menschen.

Wir alle kennen aus dem Alltag und von den uns umgebenden Menschen eine ganze Reihe körperlicher Posen und Ausdrucksmöglichkeiten, die wir ohne weiteres zu deuten verstehen. Augenkontakt, Gesten, Gesichtsmimik, Haltung von Armen und Beinen, Körperhaltung, Bewegungsmuster – all das hilft uns, die Persönlichkeit, ihre Rollenbeziehung und ihre augenblickliche Stimmung zu entschlüsseln.

Unser Körper drückt also unsere Schlüsselbeziehung zu Menschen und Ereignissen aus. Ändert sich diese Beziehung, demonstriert er diese Änderung auf seine Art und Weise. Fühlen wir uns ängstlich gestimmt, erscheint uns die Welt bedrohlich, so versuchen wir, der Bedrohung dadurch zu entgehen, daß wir kleiner zu werden versuchen. Unser Körper duckt sich, die Extremitäten werden ängstlich zurückgenommen, die Kehle zieht sich uns zusammen. Umgekehrt neigen wir bei einer freudigen Erregung dazu, die ganze Welt zu umarmen. Wir recken und strecken uns, um möglichst viel Leben in uns zu konzentrieren. Die Augenbrauen ziehen sich nach oben, das Herz schlägt schneller, der Atem geht tiefer und die Brust weitet sich, die Mundwinkel deuten nach oben. Sind wir dagegen traurig, weil wir vom Tod eines Freundes erfahren haben, erstarren wir, und während unsere Gedanken in der Vergangenheit und bei der Erinnerung an unseren Freund verweilen, scheint alles an unserem Körper zusammenzusacken, nach unten zu fallen.

Diese nichtverbalen Ausdrucksmöglichkeiten unseres Körpers für Beziehungen, Gefühle und Haltungen haben wir in den letzten Jahren viel besser verstehen gelernt. Untersuchungen über die Körpersprache haben mittlerweile große Bedeutung für die menschliche Verhaltensforschung gewonnen. Z. B. wurden die auf diesem Gebiete gewonnenen Erkenntnisse als ein Element des Verhaltensprofils zur Erkennung potentieller Flugzeugentführer mitverwertet. Oder es wurden Grundschullehrer über das ungewöhnliche körperliche Verhalten überaktiver Kinder informiert, um eine Erkennung und die nötige besondere Betreuung dieser Problemkinder möglich zu machen.

Auch der Therapeut, der Gruppen- oder Familientherapie betreibt, muß imstande sein, über die Gespräche in einer Gruppe hinaus die feineren Botschaften der Körperhaltung, Atemfrequenz und anderer körperlicher Ausdrucksmöglichkeiten zu deuten, vor allem im Hinblick auf die vielschichtigen Wechselbeziehungen bei Gruppensitzungen, bei denen oft mehrere Personen auf einmal sprechen. Gelegentlich werden solche Sitzungen auch gefilmt oder auf Videoband aufgenommen, so daß man die Wechselbeziehungen zwischen den einzelnen Teilnehmern genauer beobachten kann.

Aber die hier genannten Untersuchungstechniken sind samt und sonders auf den Körper in der Tagwelt abgestellt. Der Körper im Dunkeln, sein ganz andersartiges Verhalten in der Schlafwelt, hat sich bis jetzt unserer Aufmerksamkeit weitgehend entzogen, wie auch die Schlafpositionen bisher unbeachtet geblieben sind. Zwar wissen wir dank einer Reihe von Untersuchungen in Schlaflabors eine ganze

Menge über die physiologischen Prozesse während der Nacht. In den letzten zwanzig Jahren haben wir z. B. allerlei über die Veränderungen der Körperfunktionen während des Schlafes, über die Bedeutung der Erektion in der REM-Phase erfahren und können vorhersagen, wann der Körper sich vermutlich im Laufe der Nacht bewegen wird. Aber all das sind nur Teilbeobachtungen, die wenig über die ganz persönliche Art und Weise aussagen, wie eine Person der Schlafwelt begegnet. Bei diesen Untersuchungen wird der Körper im wesentlichen als chemischer oder physikalischer Organismus behandelt und unsere Schlafwelterfahrung dadurch einer wichtigen Dimension beraubt. Es ist meine Absicht, in diesem Buch über die geschilderten technischen Daten zum Körper im Dunkel hinaus vorzudringen und zu zeigen, daß die bestimmten Schlafpositionen, die ein Mensch im Laufe der Nacht einnimmt, das gesamte Lebensmuster eines Individuums und seines speziellen Lebensraums widerspiegeln, ebenso wie seine Art, diesen zu bewohnen.

Um die Bedeutung der vom Körper im Dunkeln eingenommenen Schlafstellungen zu begreifen, muß man diese Positionen als eine Fortführung der dem Individuum im Wachzustand zu Gebote stehenden »Abwehrmechanismen« verstehen. Der Begriff der Abwehrmechanismen gehört zu Freuds wichtigsten Erkenntnissen. Darauf aufbauend hat die Psychoanalyse mittlerweile etwa zwanzig solcher *unbewußten Standard-Abwehrmechanismen* herauspräpariert, so die Verdrängung, die Projektion und die Sublimierung, um nur die bekanntesten zu nennen. So wird etwa ein Mensch, der die Taktik des Leugnens als Abwehrmechanismus einsetzt, sich selbst dann weigern, die Bedeutung seines Verhaltens zu erkennen, wenn sie ihm unmißverständlich vor Augen geführt wird. D. h., der Patient, der, sonst pünktlich, zu den therapeutischen Sitzungen stets zu spät kommt, wird dem Psychoanalytiker nicht glauben und leugnen, daß er dadurch seine Angst vor der Therapie verrät.

Eine besondere Kategorie von Abwehrmechanismen stellen die individuell verankerten, die habituellen, automatischen, kurz die *charakterlich bedingten Abwehrmechanismen* dar. Z. B. mag sich das für eine Person typische passive Verhalten dahingehend äußern, daß sie, in den meisten Lebenslagen wenig selbstsicher und nachgiebig, anderen gegenüber eine besänftigende, unterwürfige Haltung einnimmt. Ein Paranoiker wieder, der die Welt als dauernde Bedrohung empfindet, wird stets nach Anzeichen einer potentiellen Gefahr und eines möglichen Angriffs Ausschau halten. Und der Aggressive, ohnehin stets leicht gereizt, beugt den Oberkörper kampfbereit nach vorne und sucht damit Personen und Vorgänge gleichsam zu überwältigen. Das sind Verhaltensweisen, die jeweils als gut und notwendig empfunden und ohne weitere Überlegung angewendet werden.

Beide Arten von Abwehrmechanismen nun spiegeln sich in den Schlafpositionen wider; die Standard-Abwehrmechanismen vornehmlich in denen der Dämmerzone, wenn wir den Belastungen dieser Phase begegnen und uns zu entspannen versuchen. Diese Einschlaf- oder *Alpha-Position,* wie ich sie nennen möchte, ist in den Einzelheiten natürlich individuell verschieden. Bei einem Menschen z. B., der mit unter dem Kopf gekreuzten Händen schläft, flach auf dem Rücken liegend, den Kopf in den Handflächen, die Ellbogen wie ein Paar Schwimmflügel abgespreizt, wird man auf Intellektualisierung als Standard-Abwehrmechanismus schließen: Das Einbetten des Kopfes (und im weiteren Sinne des Gehirns) lenkt alle Wahrnehmungen ins Denkorgan. Dadurch wird die Erfahrung kontrolliert, der Streß

60

gemildert und ein Gefühl der Sicherheit und Geborgenheit erzielt, das Entspannung herbeiführt, so daß bald darauf Schläfrigkeit einsetzen kann.

Manche Leute mit einer wenig komplizierten oder sehr stabilen Persönlichkeit können den größten Teil der Nacht in der gewählten Alpha-Position verbringen. Die meisten jedoch wechseln, wie das anhand meiner Patienten gesammelte Material zeigt, in der Folge – gewöhnlich zu Beginn des Tiefschlafs – in eine zweite Stellung über. Im Bewußtsein, im nächsten Augenblick in die neue Welt des Schlafes hinüberzugleiten, wechseln sie, nun absolut entspannt, von einer ihre Standard-Abwehrmechanismen spiegelnden Haltung in eine neue, die sie dann vielfach die ganze Nacht hindurch beibehalten. Diese Körperhaltung, die ihnen bei ihrem ausgedehnten Schlaf größere Sicherheit gewährt, und die ich die charakterlich bedingte oder *Omega-Position* nennen möchte, verrät Grundlegendes über die Lebensweise von Menschen. Sie ist, wo nicht ausdrücklich die Schlafhaltung der Dämmerzone diskutiert wird, ab jetzt mit dem Begriff »Schlafposition« gemeint. Ein Mensch mag seine Lage in der Nacht von Zeit zu Zeit ändern, aber er wird doch regelmäßig in die dominante, bevorzugte, weil seine charakterlich bedingten Abwehrmechanismen spiegelnde Position zurückkehren, in der er gewöhnlich morgens aufwacht.

Der Körper im Dunkeln ist also nicht einfach *ein* Körper, sondern *unser eigener* Körper, der zu allen Zeiten Teil unserer für uns spezifischen Beziehung zur Welt ist. Alles an unserem Körper, die Funktion eines jeden Organs, eines jeden Gewebes steht in einem mehr oder weniger direkten Zusammenhang zu jenen bedeutungsvollen Beziehungen, die zu jeder Zeit unsere eigentliche Lebensweise ausmachten. In der Tat hat unser Körper, wie wir in späteren Kapiteln sehen werden, wenn wir unsere Lebensweise ändern, an dieser neuen Lebensweise teil. Genauso wie nach unten gezogene Mundwinkel und traurige Augen den Verlustschmerz der wachen Person anzeigen, so spiegelt diesen Kummer auch ihre Schlafposition bei Nacht.

Wenn wir einmal begriffen haben, daß die Welt, in der wir ein Drittel unseres Lebens verbringen, eine Welt für sich, eine durchaus reale Welt mit ihren eigenen Erfahrungsdimensionen ist, können wir hoffen, durch die Untersuchung unserer Lebensweisen in diesem Universum ein neues Verhältnis zu uns selbst zu erlangen.

Betrachten wir also die Reise des einzelnen vom Tag in die Nacht und durch die Nacht hindurch in den neuen Tag und achten wir dabei auf die speziellen Haltungen, die der Körper im Dunkeln einnimmt, und wir werden klarer, nicht abgelenkt durch das Getriebe des Alltags, unser zentrales Lebensmuster erkennen. Denn die Art, wie wir schlafen, zeigt unverhüllt die Art, wie wir leben.

IV
Übliche Schlafpositionen

Eine meiner Patientinnen, eine junge Frau, liegt auf meiner Psychoanalytiker-Couch und demonstriert mir ihre Schlafhaltung. Sie hat sie mir bereits mit Worten beschrieben; dennoch habe ich sie gebeten, sie auch körperlich einzunehmen, und zwar aus drei Gründen: Erstens bekommt sie durch diese Art Psychodrama das Gefühl, persönlich am Deutungsprozeß beteiligt zu sein. Zweitens kann ich mich mit eigenen Augen von der Richtigkeit ihrer Beschreibung überzeugen. Und drittens werden mir vermutlich einige Einzelheiten auffallen, die ihr nicht wichtig genug erschienen waren, sie mir zu berichten.

Die junge Frau hat eine der vier häufigsten Schlafhaltungen eingenommen: die *volle Foetus-Lage* (Foetus = sich entwickelndes Kind im Mutterleib nach dem 3. Monat). Zusammengekauert liegt sie auf der Seite, die Knie gebeugt und stark angezogen, als wolle sie das Kinn mit ihnen berühren. Ihr ganzer Körper ist gewissermaßen zu einem Knäuel zusammengerollt.

Bei der Interpretation dieser Schlafposition verzichte ich ganz bewußt auf die bei der traditionellen Traumdeutung übliche metaphorische oder symbolische Betrachtungsmethode, nach der z. B. eine Tasse zwingend als Vagina-Symbol zu verstehen ist. Ich gehe statt dessen von der unmittelbaren Wahrnehmung aus und sehe in der Tasse einen durch seine Rundung und Tiefe charakterisierten Gegenstand mit der Eigenschaft, etwas aufzunehmen, zu umfassen, einzuschließen, eine Flüssigkeit zu enthalten.

Ebenso unbefangen und unmittelbar versuche ich, die volle Foetus-Lage auf mich einwirken zu lassen, d. h., ich entnehme ihre Bedeutung direkt aus der sprechenden körperlichen Konfiguration. Bei dieser Position fällt mir auf, daß die Person sich in einer Weise »zusammenfaltet«, die das Gesicht und die meisten inneren Organe verdeckt, wobei ein Gegenstand wie ein Kissen als eine Art Kern dienen kann, um den sich der Körper kreisförmig legt. Gewöhnlich vollenden Arme und Hände diesen Kreis, indem sie die Knie umfassen oder in einer solchen Weise eingeschoben werden, daß sie ebenfalls die Körpermitte abdecken.

Aus alledem schließe ich, daß eine Person, die in dieser Lage schläft, sich noch nicht entfaltet hat und es nicht wagt, sich den täglichen Vorkommnissen ihres Lebens zu stellen. Sie

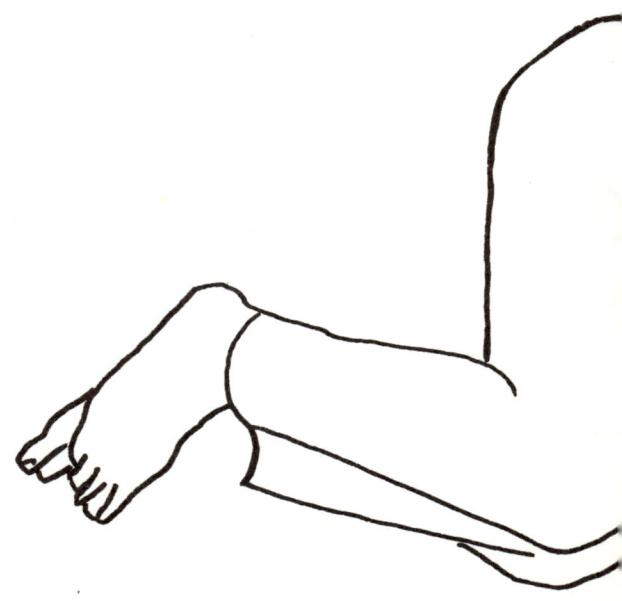

schläft und lebt wie eine noch fest geschlossene Knospe, die sich ein Aufblühen versagt hat. D. h., das Individuum weigert sich im Wachzustand, sich den Freuden und Schwierigkeiten des Lebens voll und rückhaltlos auszusetzen.

Darüber hinaus aber interessiert mich auch die Lage des Schläfers bzw. der Schläferin im Hinblick auf sein/ihr nächtliches Reich, d. h. das Bett. Menschen, die in der vollen Foetus-Lage schlafen, rollen sich meistens in einer Bettecke, gewöhnlich einer der oberen Ecken, mit dem Gesicht nach außen zusammen. Solche Leute zeigen in der Tagwelt wie in der Wahl ihrer Schlafhaltung ein starkes Schutzbedürfnis und den Wunsch nach einem Mittelpunkt, einen Kern, um den herum sie ihr Leben aufbauen und auf den sie sich stützen können. Sie haben sich mit aller Kraft in

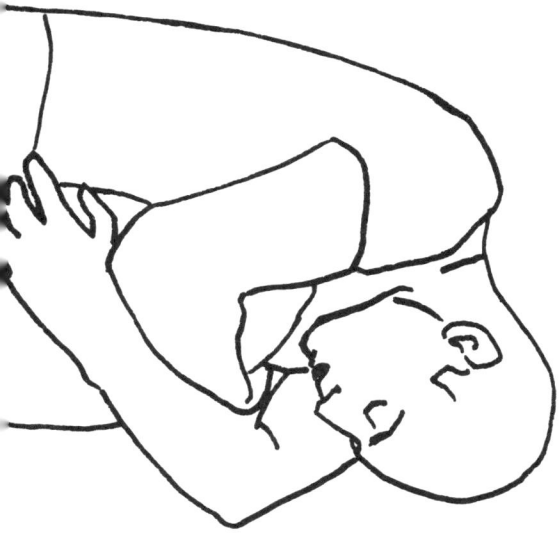

Die volle Foetus-Lage

einer frühkindlichen Entwicklungsphase festgehalten und brauchen, um sich sicher zu fühlen, wie in den ersten Lebensjahren, enge Abhängigkeitsbeziehungen.

In der Tat hat sich in all den Jahren, in denen ich mich nun mit den Schlafhaltungen befaßt habe, immer wieder bestätigt, daß ein enger Zusammenhang zwischen den Schlafpositionen eines Menschen und den anderen über ihn bekannten Faktoren besteht. D. h., die Körperhaltung, die einem Menschen ein solches Gefühl der Sicherheit vermittelt, daß er sie in der Schlafwelt einnimmt, ist für seine wirkliche Lebensweise ebenso aufschlußreich wie das übliche bei psychotherapeutischen Sitzungen gesammelte Datenmaterial: seine Haltung und seine Reaktionen mir als Psychiater und solchen Menschen gegenüber, die eine wichtige Rolle in seinem Leben spielen oder gespielt haben; oder seine Träume und die daraus zu gewinnenden Tatsachen.

Sehen wir uns daraufhin nun die nächste Grundhaltung, die *ausgestreckte Bauchlage*, an. Wie bereits angedeutet, verrät diese Position das Bestreben, die Bettfläche unter Kontrolle

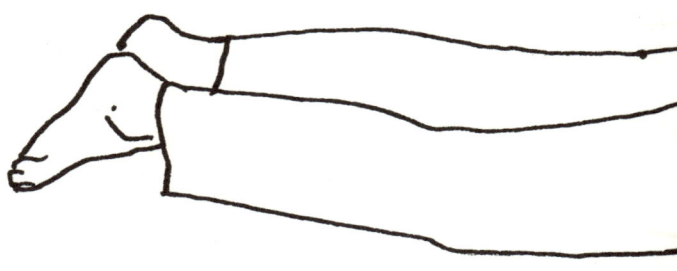

Die ausgestreckte Bauchlage

zu bringen, sie so weit wie möglich selbst zu bedecken und damit in Besitz zu nehmen. Das nach unten auf dem Bett liegende Gesicht, die über dem Kopf ausgebreiteten Arme, die ausgestreckten und leicht auseinandergespreizten Beine zeigen das Bedürfnis des Schlafenden an, zu einem möglichst großen Ausschnitt der unmittelbaren Umwelt Kontakt zu halten und einen möglichst großen Sektor davon selbst zu beherrschen. Hindert man einen Schläfer dieses Typs, sich auf diese Weise in den Besitz der Bettfläche zu setzen, wird er sich ungesichert, verletzlich fühlen. Sie wirkt, als könnte er durch Beherrschung der Bettlandschaft die Herrschaft über die ganze Schlafwelt erlangen und sich vor unangenehmen Überraschungen bei Nacht schützen.

Ein ganz ähnliches Bestreben zeigen die »Bauchschläfer« im Wachzustand. Auch hier stehen sie unter dem Zwang, den Gang der Ereignisse, ihre tägliche Umwelt selbst zu bestimmen. Sie schätzen Überraschungen nicht und versuchen sie aus ihrem Leben so gut wie möglich auszuschalten. Z. B. erscheinen diese Menschen fast stets pünktlich zu

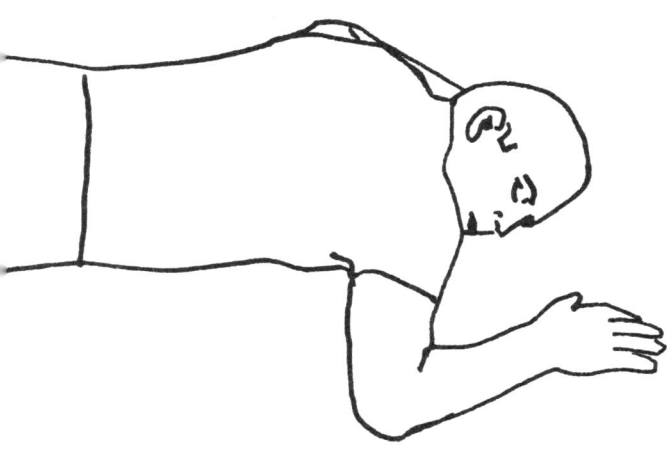

Verabredungen und zeigen sich durch ein Zuspätkommen anderer unangenehm berührt. Sie sind ordentlich und genau und können sich mächtig über Kleinigkeiten erregen. Scheitern sie mit ihren Managertendenzen, so verdoppeln sie, um sich Selbstzweifel zu ersparen, ihre Anstrengungen, die Welt nach ihrer Pfeife tanzen zu lassen. Und besonders Unsichere werden angesichts des Unerwarteten wie die im Vorwort bereits erwähnte junge Frau nicht nur ausgestreckt auf dem Bauch, sondern quer überm ganzen Bett liegend schlafen, um dadurch die Schlafwelt womöglich noch vollkommener zu beherrschen.

Eine dritte, weit verbreitete Schlafposition ist die *königliche* oder *Rückenlage* (vgl. Abb.). »Der König«, sagt ein altes Sprichwort, »schläft auf dem Rücken, der weise Mann auf der Seite und der reiche auf dem Bauch.« Und in der Tat konnte ich bei meinen eigenen Untersuchungen feststellen, daß diejenigen, die in der *königlichen Lage* schlafen, sich auch als König oder Königin ihres Schlafes und darüber hinaus ihres ganzen Tagesuniversums fühlen. Gewöhnlich waren solche Personen früher Lieblingskinder oder als Kind doch im Mittelpunkt des Interesses gestanden. Besonders häufig findet man diese Haltung bei Theaterleuten – vielleicht weil man aus dieser Körperhaltung – im Stehen – heraus sich leicht verbeugen und den Applaus des Publikums entgegennehmen kann. Aber ob beim Theater oder nicht, jedenfalls zeichnen sich Rückenschläfer generell durch ein solches Gefühl der Sicherheit, durch Selbstvertrauen und eine so starke Persönlichkeit aus, daß es ihnen leichtfällt, die Welt und ihre Angebote zu akzeptieren. In der Tat ist die Welt ihr Tummelplatz, ob sie wach sind oder schlafen. Sie sind für alles aufgeschlossen und zu haben, geben und nehmen gern – wie sie sich durch die Körperlage, die sie zum Schlafen einnehmen, ja auch der Nachtwelt offen aussetzen.

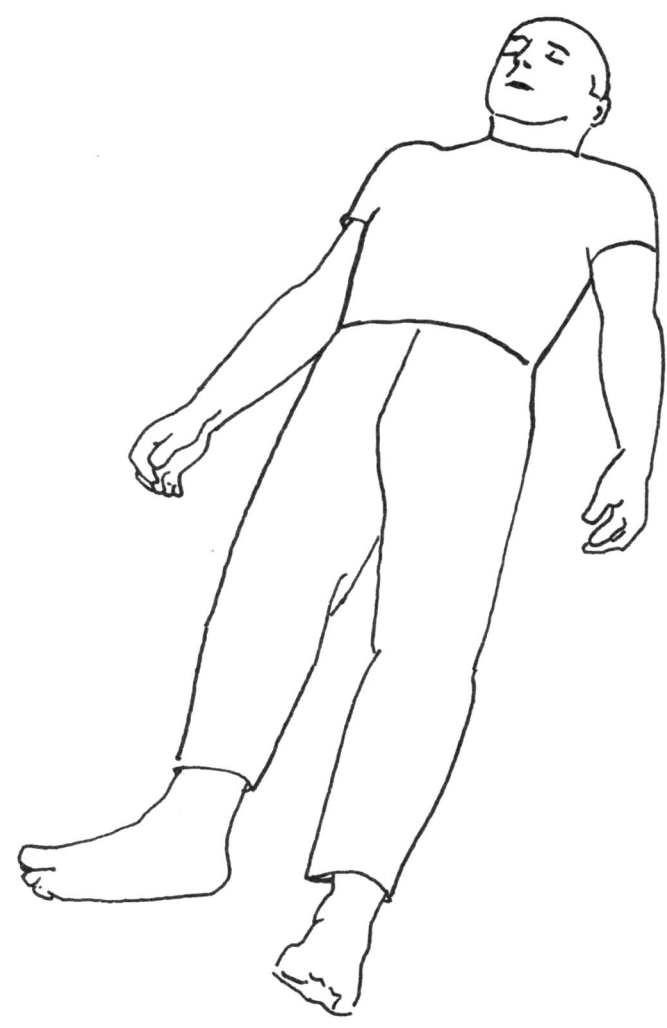

Die königliche oder Rückenlage

Die häufigste aller Schlafpositionen ist die *halbfoetale Lage*. Nach den 1909 von Boris Sidis an der Harvard-Universität durchgeführten Untersuchungen schliefen 75 % der ausgeprägt rechtshändigen Probanden hauptsächlich auf der rechten Seite, und zwar nicht nur zum Einschlafen, sondern auch später in den tieferen Schlafstadien. Sie zeigten eine deutliche Vorliebe für die rechte (entsprechend Linkshänder für die linke) Seite, während die Mehrheit aller Untersuchten im Laufe der Nacht die Seite wechselten.

In der halbfoetalen Position – mit leicht angezogenen Knien auf der Seite liegend – zu schlafen hat den Vorteil, daß die Wärme gespeichert wird und die Luft doch frei um den Körper zirkulieren kann. Außerdem sind die wichtigsten Teile des Rumpfes, vor allem der psychologische Mittelpunkt, das Herz, geschützt. Und zudem bietet die halbfoetale Haltung eine größere Beweglichkeit als die anderen gängigen Körperlagen, da sich der Schläfer – ohne die gewohnte Schlafstellung ändern zu müssen – von einer Seite auf die andere drehen kann. In der Bauch- wie in der Rückenlage sind die Bewegungsmöglichkeiten offensichtlich eingeschränkter.

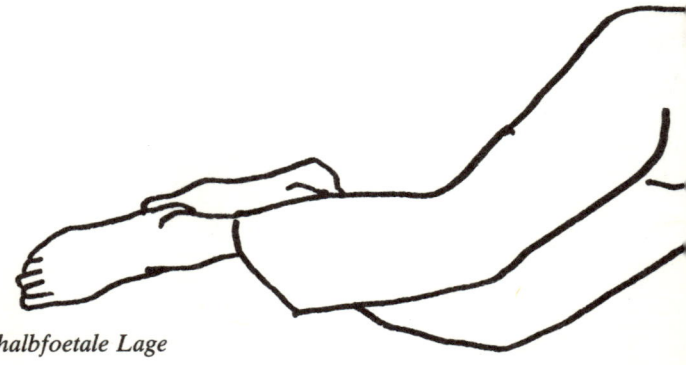

Die halbfoetale Lage

Die halbfoetale Lage ist also nicht nur behaglich, sondern auch zweckmäßig, mit einem Wort ausgesprochen »vernünftig«. Dementsprechend vernünftig haben sich die Menschen, die sie bevorzugen, an die Welt angepaßt. Es sind im großen und ganzen ausgewogene, selbstsichere Leute, die sich ohne sonderliche psychische Belastungen mit den Tatsachen abzufinden verstehen. Sie sind offensichtlich nicht so verletzlich, als daß sie das Bedürfnis verspürten, die ganze Bettfläche zu beherrschen oder sich, gegen eine ungewisse Zukunft Schutz suchend, zusammenzurollen.

Soviel zur Bedeutung der vier häufigsten Schlafhaltungen. Diese wird erweitert, oft aber auch erheblich verändert durch die unterschiedlichen Hand- und Fußhaltungen, womit wir uns im nächsten Kapitel befassen wollen. Auch gibt es eine Vielzahl von Variationen der Grundpositionen, die uns im Anschluß daran beschäftigen sollen: z. B. die *Sphinx-* und die *Hakenkreuzhaltung*, die auf die Bauchlage zurückgehen; die *Affen-* und die *Stützarmposition*, Ableitungen aus der »königlichen« Rückenlage; die *Mumien-* und die *Kettensträflingshaltung* als Variationen der halbfoetalen Körperlage. Außerdem kann eine Person im Laufe der

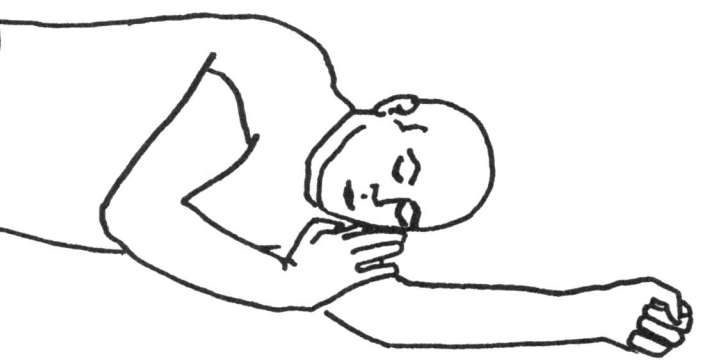

Nacht mehr als eine der Grund- oder zugehörigen Positionen einnehmen. Der Durchschnittsmensch führt z. B., wenn er gut schläft, zwanzig bis fünfunddreißig größere, eine Verlagerung des Körpergewichtes erfordernde Bewegungen aus; ein Mensch, der krank ist oder aus Angst bzw. Erregung schlecht schläft, möglicherweise sogar über hundert. Dazu kommt natürlich noch eine Vielzahl kleinerer Bewegungen mit den Fingern und Zehen, den Lippen und den Kiefern.

Wie Schlafuntersuchungen gezeigt haben, kann ein Mensch im Laufe einer Nacht bis zu einem Dutzend verschiedener Positionen einnehmen. Freilich sind viele davon nur das Spiegelbild einer anderen, für die psychologische Deutung also nicht von zusätzlichem Interesse. Andere wieder werden nur für kurze Zeit eingenommen, sind ihrem Wesen nach also lediglich Übergangs- oder Interimshaltungen. Z. B. kann eine Person, die von der halbfoetalen in die Rückenlage überwechseln will, nach Drehung des Oberkörpers eine Bewegungspause machen, so daß Hüften und Beine noch halb auf der Seite liegen, gewissermaßen als wäre die Person zwischen zwei Positionen plötzlich erstarrt. Eine mögliche Erklärung dafür scheint mir im Wesen des REM-Traumschlafs zu liegen. Vielleicht nämlich ist die Person aufgrund der mit Traumbeginn einsetzenden Lähmung nicht mehr imstande gewesen, den eingeleiteten Lagewechsel gänzlich durchzuführen. So gesehen, käme diesen Übergangsstellungen von kurzer Dauer keine besondere Bedeutung zu, weil sie eher physisch als psychisch zu erklären sind. Werden sie jedoch länger beibehalten, also zu einer gewohnheitsmäßigen Schlaflage, so verdienen sie natürlich ebenfalls starkes Interesse. Mit solchen »verdrehten«, ungewöhnlichen Haltungen werden wir uns in Kapitel VI befassen.

Von diesen Spiegelbild- und Übergangsstellungen abgesehen jedoch nehmen die meisten Menschen im Laufe einer Nacht nur zwei oder drei verhaltenspsychologisch aufschlußreiche Positionen ein. Jeder von uns verfügt über ein individuelles Arsenal körperlicher Ausdrucksmöglichkeiten, das sowohl unsere unbewußten Standard- als auch charakterlich bedingten Abwehrmechanismen spiegelt, und sich Nacht für Nacht in gleicher Weise wiederholt. Wir selbst empfinden dieses Muster als für uns typisch. Natürlich können wir eine neue Schlafhaltung erlernen, wenn uns z. B. eine Rückenverletzung dazu zwingt. Trotzdem werden wir nach wie vor an unserer Lieblingslage festhalten und diese nur dann ändern, wenn wir unser gesamtes Leben ändern.

Leute, die normalerweise in der Stadt leben, berichten gelegentlich, sie hätten im Urlaub auf dem Land oder an der See ihre bevorzugte Schlaflage geändert. Dadurch zeigen sie an, daß sie sich entspannter fühlten als sonst – ein Vorgang, der übrigens umgekehrt auch bei steigenden Ängsten eintritt. Unsere Schlafhaltungen – sowohl die Alpha-Position der Dämmerzone als auch die Omega-Lage des Tiefschlafes – spiegeln unsere unmittelbare Lebenssituation sehr fein wider und ändern sich insofern natürlich auch, wenn sich unsere Lebensauffassung und unsere Lebensweise, etwa im Laufe einer Psychotherapie, ändern.

Die Anzahl der verschiedenen Schlafpositionen, die ein bestimmter Mensch im Laufe einer Nacht einnimmt, und die von ihm bevorzugte Abfolge spiegeln vollkommen die Komplexität des menschlichen Charakters. Z. B. mag er sich zum Einschlafen auf den Rücken legen, diese Alpha-Position aber, wenn er ins Land des Schlafes hinübergleitet, gegen eine seitliche Omega-Position vertauschen. Bei der Erklärung dieses Wechsels kann man vermuten, daß er sich zunächst als sein eigener Herr empfindet. Durch die Königsposition bringt er seine Meinung von sich zum

Ausdruck; fest eingeschlafen jedoch verrät er seine Grundeinstellung zum Leben. Im Schlaf von der Notwendigkeit befreit, der Welt ein bestimmtes Gesicht zu zeigen, enthüllt er sich als ein im Grunde ganz vernünftiger Mensch, der die Dinge nimmt, wie sie kommen. Wenn er den größten Teil der Nacht in dieser halbfoetalen Lage zubringt, so kann man daraus seine Grundeinstellung zur Welt ablesen, während die beim Zubettgehen eingenommene Alpha-Position (Rückenlage) Rückschlüsse auf einen anderen Aspekt seiner Persönlichkeit zuläßt.

Im Fall von Einschlafschwierigkeiten wird die Alpha-Position gelegentlich noch vor dem Einschlafen gegen die Omega-Position vertauscht. Von Angst- oder Streßgefühlen wachgehalten, kann sich ein Mensch außerstande sehen, in seiner gewohnten Lage in die Schlafwelt hinüberzugleiten. Während er nun zu seiner Beruhigung weitere charakterlich bedingte Abwehrmechanismen einsetzt, wird er eine Schlafposition wählen, die ihm ein stärkeres Gefühl der Geborgenheit oder der vollen Kontrolle über die Bettfläche vermittelt. Oder der einzelne nimmt sogar eine von seiner normalen Alpha- und Omega-Position völlig abweichende Lage ein. So z. B. eine meiner Patientinnen, eine junge Frau, die ein Leben im Hippie-Stil führte, häufig den Job wechselte und nur kurzlebige menschliche Beziehungen unterhielt. Zu Zeiten, in denen sie Arbeit und einen Freund hatte, schlief sie auf der Seite liegend ein und wechselte später in die Bauchlage über. Im Streß nach Verlust einer Stelle oder nach dem Bruch einer Beziehung jedoch konnte sie nur noch in der vollen Foetus-Lage einschlafen. Unter diesen angespannten Umständen bot ihr einzig diese Position den zum Eintritt in die Schlafwelt erforderlichen Grad an Geborgenheit.

Obwohl die meisten Leute im Laufe der Nacht eine ganze Reihe von Schlafpositionen einnehmen, die ihre grundlegende Lebensperspektive ausdrücken, sind manche Kombinationen wahrscheinlicher als andere. Ein Mensch, der gewöhnlich in der Rückenlage schläft, wird sicher nicht regelmäßig und mit gleicher Vorliebe in die Bauchlage überwechseln. Zwar mag er sich am Sonntagmorgen, gestört durch einen lautstarken Plattenspieler in der oberen Wohnung und im Wunsche weiterzuschlafen, auf den Bauch wälzen, als wollte er sagen: »Das ist mein Bett, und darin gedenke ich zu bleiben; ich will noch nicht aufstehen.« Aber kaum wieder eingeschlafen, wird er sich wohl, da die »königliche« Lage nun einmal seine Grundeinstellung zum Leben und zur Welt ausdrückt, doch wieder auf den Rücken drehen.

Nun sollte der Leser aber nicht eine Position für »besser« als die andere halten oder einen Menschen aufgrund seiner Schlaflagen als »anormal« beurteilen. Ein Mensch, der in der Rückenlage schläft, kann trotz großen Selbstvertrauens in eine Situation geraten, die ihn zwingt, einen Psychotherapeuten aufzusuchen, während es umgekehrt derjenige, der die volle Foetus-Lage bevorzugt, sein Leben lang nicht tun muß.

Außerdem sollte man sich, auch wenn die Schlaflagen eine definitive Deutung zulassen, vor allzu vereinfachten Auslegungen hüten. Was bisher über die vier häufigsten Positionen gesagt wurde, ist im Grunde nur eine Einführung in die viel umfassendere Problematik der Schlafstellungen. In den folgenden Kapiteln werden wir anhand der Beobachtung kleinerer Körperteile, ausgefallener Positionen und des Paarschlafes von Partnern die Ausdruckssprache der Schlafhaltungen intensiver kennenlernen.

Im Alter von etwa drei Monaten fangen wir allmählich an, eine ausgeprägte Schlaflage zu entwickeln. Das Kleinkind, das sich nun frei bewegen und allein umdrehen lernt, zeigt eine wachsende Vorliebe für eine bestimmte Stellung. Zur gleichen Zeit festigt sich der für alle Säugetiere typische NREM-REM-Schlafzyklus im Kind. Allerdings kann es während der Kindheit, gleichsam als Auftakt zum Drama des Lebens, zum Experimentieren mit mehreren, z. T. recht eigentümlichen Schlafpositionen kommen. So durchlaufen z. B. manche Kinder eine Periode, in der sie mit dem Gesicht nach unten, das Hinterteil in die Luft gereckt, auf den Knien schlafen. Diese *Sphinxposition* läßt auf eine starke Abneigung gegen die Schlafwelt schließen und tritt besonders häufig bei Kindern auf, die sich nicht gern zu einer bestimmten Stunde ins Bett bringen lassen.

Eine definitive Schlafhaltung sollte das Kind aus psychologischer Sicht etwa im Alter von sieben Jahren einnehmen, da das Charakterprofil eines Individuums zu diesem Zeitpunkt normalerweise bereits mehr oder minder festgelegt ist. In der Pubertät kann es dann allerdings noch einmal zu Änderungen kommen, die die turbulenten Vorgänge in dieser kritischen Entwicklungsphase widerspiegeln. So erhielt ich von der Tochter eines Freundes, einem im Grunde gesunden zwölfjährigen Mädchen, das Opfer eines eher harmlosen Sexualdelikts geworden war, folgenden Brief über die Änderung ihrer Schlafpositionen:

»Ich habe gerade Ihren Artikel über das Schlafen gelesen und mich halb totgelacht. Vor etwa zwei Jahren war ich nämlich eine ›halbfoetale‹ Schläferin. Zunächst schlief ich auf beiden Seiten und drehte mich von der einen auf die andere (schließlich wird es einem langweilig, immer auf derselben Seite zu liegen!). Dann wurde es mir über, mich immer hin- und herzudrehen; deshalb suchte ich mir die bequemste Seite aus, die rechte. Und jetzt bin ich ›Bauchschläferin‹. Ich schlafe nie am Bettrand, immer in der Mitte. Und ich organisiere auch wirklich gern alles um mich herum. Das wollte ich Ihnen nur sagen.«

Dieser Positionswechsel ist, auch wenn das Mädchen selbst die Ursache nicht hätte nennen können, eindeutig die psychische Reaktion auf die sexuelle Belästigung. Die Wahl der Bauchlage verrät ihren Wunsch nach größerer Sicherheit in der Schlafwelt und nach Beherrschung ihrer jugendlichen Gefühlswelt. Möglicherweise wird die Erinnerung an diese böse Erfahrung im Laufe des weiteren Reifeprozesses verblassen und damit das Bedürfnis, sich zu schützen, nachlassen. Dann könnte das Mädchen zu seiner ursprünglichen halbfoetalen Haltung zurückfinden. Denn letztlich scheint die Schlaflage erst im Alter von achtzehn oder neunzehn fixiert zu werden, wo der durchschnittliche junge Mensch außerhalb des Elternhauses zu leben und mit der kindlichen Abhängigkeit zu brechen beginnt.

Wie bereits angemerkt, können wir unsere Schlaflage auch noch in späteren Jahren ändern. Vielfach geschieht das infolge eines körperlichen Bedürfnisses aufgrund einer Erkrankung oder Verletzung. So können Herzkranke z. T. nur mehr oder weniger aufrecht sitzend schlafen, den Rücken durch einige Kissen gestützt, deren Anzahl in demselben Maße wächst, in dem das Herz zunehmend seine Dienste versagt. Diese Herzkranken sind außerstande, die normalerweise mit dem Eintritt in die Schlafwelt verbundene horizontale Lage einzunehmen. Ihre ganze, von Kreislaufschwäche bedrohte Existenz bedarf, das fühlen sie, einer Stützung.

Am häufigsten wird die Schlafposition wohl aufgrund von Rückenschmerzen und -schäden geändert. Als sich eine meiner Patientinnen, ursprünglich eine Bauchschläferin, durch Rückenschmerzen gezwungen sah, flach auf dem Rücken zu schlafen, paßte sie sich der Situation dadurch an, daß sie an den linken Bettrand heranrückte, die linke Ferse seitlich und die rechte am Fußende unter die Matratze schob. Den linken Arm streckte sie über den Bettrand hinaus und klammerte sich mit der linken Hand an der Unterseite der Matratze fest, während der rechte Arm in voller Länge über das Kopfende des Bettes gestreckt war und sich daran festhielt. Auf diese Art und Weise konnte sie ihre Schlafwelt ebenso gut beherrschen wie in der vorherigen Bauchlage und das zum Einschlafen nötige Gefühl der Sicherheit erzielen.

Menschen, die mit über den Kopf hinaus gestreckten Armen in der Bauchlage schlafen, laufen nicht selten Gefahr, ein Armgeflechtssyndrom zu entwickeln, d. h. eine durch übermäßige Muskelanspannung hervorgerufene Zusammenschnürung der Nerven und Blutgefäße. Um das Prickeln und den Schmerz in den Armen zu lindern, ist eine neue Schlafposition erforderlich, was jedoch auch in diesem Fall oft Schwierigkeiten verursacht, da die gewohnheitsmäßige Schlaflage eine Begleiterscheinung des Charakters und der persönlichen psychischen Abwehrmechanismen ist. In gewisser Hinsicht heißt eine neue Position einnehmen gegen die eigene Natur angehen. Und allein schon die Dauer des Ringens um eine neue Lage zeigt, wie tief verwurzelt unsere Schlafgewohnheiten sind.

Der Neurologe Dr. Thorner stellte fest, daß Patienten, die eine Zeitlang durch Schmerzen gezwungen gewesen waren, in ungewohnten Stellungen zu schlafen, umgehend zu ihrer bevorzugten Position zurückkehrten, sobald der Schmerz nachließ. So z. B. nahm ein Mann, der früher auf der rechten Seite geschlafen hatte, durch Leberbeschwerden aber genötigt war, auf dem Rücken zu schlafen, stets sofort, wenn er Morphium erhalten hatte und der Schmerz abgeklungen war, seine ursprüngliche Rechtsseitenlage wieder ein.

Früher glaubte man, sämtliche Bewegungen im Schlaf auf körperliches Unbehagen, auf Muskelkrämpfe oder Druck auf einen bestimmten Nerv zurückführen zu können. Aber diese Meinung war irrig, wie meine Untersuchungen eindeutig nachgewiesen haben. Zeigt doch allein schon die Tatsache, daß sich Menschen selbst unter körperlichen Schmerzen nur schwer an eine *physisch* zwar behaglichere, *psychisch* aber als weniger sicher empfundene neue Position gewöhnen können, wie eng Schlafhaltungen mit der Persönlichkeitsstruktur verknüpft sind, viel mehr als mit körperlicher Bequemlichkeit. Außerdem werden beim Positionswechsel im Schlaf oft nur spiegelbildliche Positionen an-, aber keine grundlegenden Änderungen vorgenommen: Das ist ganz ähnlich wie bei einem Baseball-Spieler, der beidseitig schlagen kann. Auch das ein Beweis dafür, daß körperliches Mißbehagen bei den Körperbewegungen in der Nacht zwar eine gewisse Rolle spielt, ausschlaggebend für die Wahl einer neuen Position jedoch psychische Gründe sind. D. h., jede Lage und jeder Lagewechsel eines Individuums bringen unfehlbar die ganz spezifische Lebensweise dieses Menschen sowie die Abwehrmechanismen zum Ausdruck, die er zur Bewältigung seines individuellen Lebenswegs entwickelt hat.

V
Die kleinen Körperteile

Die Sprache des Körpers im Dunkeln kann einfacher oder komplizierter sein. Die Grundhaltung, die wir im Schlaf einnehmen, hat wie ein geschriebener Satz eine Grundaussage. Diese kann durch die Lage von Händen, Füßen und anderen kleineren Körperteilen unterstrichen oder modifiziert werden. Wie der einfache Satz durch Adjektive und Adverbien Farbe und zusätzliche Bedeutung erhält, so wird die Aussage der Grundposition durch die Haltung der kleineren Körperteile individueller bis hin zu einer völligen Verlagerung des Bedeutungsschwerpunkts. Denn auch diese kleineren Körperteile drücken im Schlaf das Verhältnis eines Menschen zur Bettfläche und zu seinen Mitmenschen aus und zeigen deutlich seine Lebensform.

Von den kleineren Körperteilen sind Hände und Füße die wichtigsten. Daneben können Fersen, Fuß- und Handgelenke sowie Ellbogen auf verschiedenste Weise dem Ausdruck der Persönlichkeit dienen. Auch Waden, Knie und Oberschenkel tragen intensiv dazu bei. Selbst das Hinterteil kann, wenn zwei Leute zusammen im gleichen Bett schlafen, Vielsagendes »mitteilen«.

Fangen wir mit den Füßen an.

In der Tagwelt stehen wir auf unseren Füßen. Unsere Beine tragen uns durchs Leben, ob wir schlurfen, zwanglos dahinschlendern, spazierengehen oder laufen. Viele Patienten behalten während der psychoanalytischen Sitzung krampfhaft einen Fuß auf dem Boden, als wollten sie beim ersten angstauslösenden Gedanken oder Gefühl im fliegenden Start von der Couch aufspringen. Auch im Schlaf verraten die Füße durch ihre Lage allerlei über Situation und Vorankommen eines Individuums im Leben. Viele Leute halten sich, wie eine 1944 durchgeführte Untersuchung zeigte, mit ihren Füßen am Bett fest. Menschen, die Unbekanntes oder Unerwartetes scheuen und alle Änderungen von ihrem Leben fernhalten wollen, schieben oft, wie die im vorigen Kapitel beschriebene Frau, einen oder beide Füße unter die Matratze. Und »wickeln« ihre Füße, wenn sie mit einem Partner schlafen, um dessen Beine, als wollten sie mit ihm auf dem Gang durchs Leben Schritt halten. Umgekehrt mag jemand seine Füße locker über die Seite oder das Fußende des Betts hängen lassen und dadurch seine Weigerung demonstrieren, sich dem Bett voll auszuliefern. Durch diese Fußhaltung verrät man, wie der Patient, der beim Psychoanalytiker auf der Couch liegt und gleichzeitig einen Fuß auf den Boden stellt, ein starkes Bedürfnis, sich immer einen Ausweg offen zu halten.

Auch übereinandergeschlagene Füße haben, wie mir eines Tages am Fall eines Patienten aufging, in der Körpersprache ihre eigene Bedeutung. Aufgefordert, die für ihn typische Schlafhaltung zu demonstrieren, nahm der betreffende Mann eine halbfoetale Position ein und erklärte: »Sie sehen, ich bin völlig normal.« Offensichtlich wußte er, daß diese Pose die häufigste ist. Aber seine Fußgelenke verrieten ihn. Er hatte sie in der von mir so genannten *Kettensträflingshaltung* gekreuzt – eine Bezeichnung, die seine Lebensprobleme mit einem Wort umreißt. Tatsächlich war dieser Mann in seinen persönlichen Beziehungen gleichsam gefesselt, d. h., er war unfähig, ein wirklich intimes Verhältnis zu einer Frau aufzubauen, da er aus Angst, sich ernsthaft zu engagieren, immer schon sehr bald wieder die anfangs recht intensive Beziehung löste. Außerdem klagte er zu Beginn der Behandlung über Langeweile bei der Arbeit, Unfähigkeit,

seine Dissertation fertigzustellen, und eine stark ausgeprägte persönliche Unbeweglichkeit auf vielen Gebieten. Obwohl er mit seinen zwei Spezialgebieten in Ausbildung und
Beruf nach außen einen durchaus tüchtigen, ja äußerst

Die Kettensträflingshaltung

fähigen Eindruck machte, war er ein Gefangener seiner eigenen Ängste. Und genau diese Schwierigkeiten brachte die Stellung seiner Fußgelenke im Schlaf zum Ausdruck.

Daneben gibt es in der Seitenlage auch noch andere aufschlußreiche Beinhaltungen. So findet man z. B. in der halbfoetalen Stellung häufig exakt aufeinandergelegte Beine, d. h., Oberschenkel, Knie und Fußgelenke schließen genau in einer Linie ab. Diese *Sandwichlage*, wie ich sie nennen möchte, verrät ein beträchtliches Ausmaß an Anpassungsfähigkeit bis hin zum Konformismus. In der Tagwelt wie im Schlaf suchen sich solche Leute im Gleichklang mit der Welt zu halten und sind stets peinlich darauf bedacht, nicht von dem abzuweichen, was von ihnen erwartet wird.

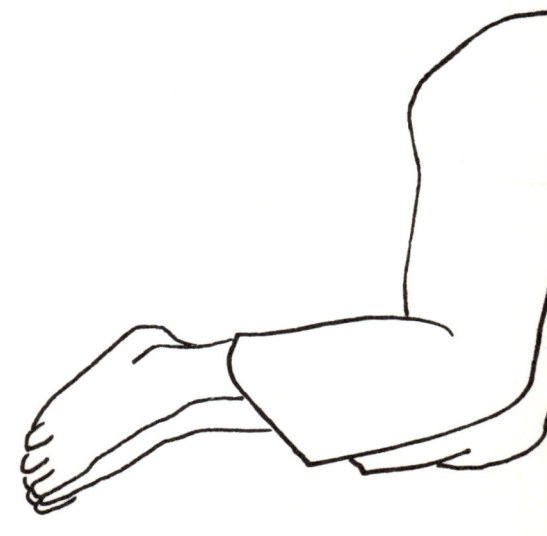

Gelegentlich wird die Seitenlage auch mit lang ausgestreckten Beinen kombiniert, die übliche halbfoetale Stellung also verändert. Als vor ein paar Monaten ein Fernsehaufnahmeteam zu mir in die Praxis kam, um einen Filmbericht über meine Arbeit über Schlafhaltungen zu drehen, legte sich der Reporter spontan auf die Couch, um mir seine Schlafposition vorzuführen. Er wählte, die Beine lang ausgestreckt und aufeinanderliegend, die Seitenlage – eine Position, die mir ein hohes Maß an Aktivität anzuzeigen schien. Offensichtlich gestattete der Reporter sich nicht einmal im Schlaf eine völlige Entspannung. Er blieb gewissermaßen auf dem Sprung, um sofort in die aufrechte Tagwelt zurückkehren zu können. Diese *Helden-Haltung*, wie ich sie nenne, ist eine Fortführung der Sandwichposition und läßt auf eine aktive,

Die Sandwich-Lage

selbstsichere Persönlichkeit schließen, typisch für einen Menschen, der – wie ein Reporter – allein schon aus Berufsgründen ständig auf Trab sein muß.

Bei der *Flamingo-Lage*, einer weiteren Variante der halbfoetalen Lage, ist ein Bein gerade ausgestreckt, das andere dagegen mit gebeugtem Knie scharf nach oben angewinkelt, wobei der angezogene Fuß unter oder über dem oberen Teil der anderen Wade liegen kann. Das gestreckte Bein verrät Selbstsicherheit, das gebeugte aber Entspannung und Passivität. Diese Haltung ist typisch für den passiv-aggressiven Typ, der sich seinen Mitmenschen gegenüber bald passiv, bald aggressiv verhält, da beide Elemente in seinem Charakter stark ausgeprägt sind. Bei ihm wird das Leben zu einem regelrechten Tennisspiel zwischen diesen beiden Aspekten seiner Persönlichkeit, die gleichsam abwechselnd Punkte machen.

Die Stellung der Oberschenkel im Schlaf läßt Rückschlüsse auf das Sexualverhalten eines Menschen zu. Sind die Oberschenkel in *Keilhaltung* geöffnet, d. h., ist der Weg zu den Genitalien freigegeben, ist das Individuum gewöhnlich für sexuelle Beziehungen aufgeschlossen und gebebereit. Werden die Oberschenkel dagegen in der *Wäscheklammerposition* fest zusammengepreßt, ist der oder die Betreffende in sexuellen Dingen eher ängstlich, gehemmt und abwehrend. Mehr zur Bedeutung der verschiedenen Schlafhaltungen im Hinblick auf das sexuelle Verhalten und den Einsatz der Genitalien, des Gesäßes und der Brüste zur Herstellung libidinöser Kontakte zum Schlafpartner werden wir im Kapitel VII über den Paarschlaf erfahren.

Die Hände sind zum Berühren da, zum Anfassen oder Festhalten der Dinge. Außerdem können wir sie zur Faust ballen. Ihre Haltung kann Spannung oder Entspannung andeuten. Wie der Dirigent sie benutzt, um den Musikern stilistischen Charakter und Gefühlsgehalt in einer Partitur

Die Flamingo-Lage

mitzuteilen, so benützen wir sie in der Schlaf- wie in der Tagwelt, um die vielfältigen Melodien unseres persönlichen Lebens auszudrücken. Manche Menschen gestikulieren mehr als die anderen – in den Mittelmeerländern ist der Einsatz der Hände geradezu eine Kunst für sich – aber wie auch immer wir sie halten oder gebrauchen, sie verraten unsere Einstellung zu uns selbst und zur Welt, in der wir leben.

Viele Leute benützen die Hände, um sich am Bettpfosten oder einem anderen Teil des Bettes im Schlaf anzuklammern, wofür ich die Bezeichnung *Nabelhaltung* verwende. Solche Menschen müssen sich an irgend jemandem oder irgend etwas im Leben festhalten und sind ihrer ganzen Persönlichkeitsstruktur nach häufig anhänglich, ja zutiefst abhängig. Sie haben sich nicht die Freiheit genommen, einfach loszulassen und sie selbst zu sein. Dabei sollte freilich nicht vergessen werden, daß wir zwei Hände haben, von denen die eine anscheinend tatsächlich oft nicht weiß, was die andere tut.

Z. B. könnte ein Mann mit der Rechten den Bettpfosten umklammern, die Linke aber locker über den Bettrand hängen lassen. Diese lose baumelnde Hand zeigt an, daß der Mann nicht willens ist, sich von der Bettlandschaft – und d. h. von seiner Tages-Umwelt – völlig beherrschen zu lassen: Sie widerspricht dem durch die Geste der rechten Hand angedeuteten Abhängigkeitsbedürfnis. Ein solches Individuum wird also zwar stark zur Abhängigkeit neigen, sich diesem Bedürfnis jedoch nicht völlig ausliefern. Wahrscheinlich wird diese von den Händen demonstrierte Ambivalenz, der Konflikt zwischen dem Wunsch, sich anzuklammern, und dem entgegengesetzten Bedürfnis, sich freizuhalten, auch seine Beziehungen zu anderen Menschen im Wachzustand bestimmen. Vermutlich wird er sich nicht wohlfühlen, wenn er niemanden hat, an den er sich hängen kann. Vermutlich aber wird es ihn nicht weniger irritieren, wenn dieser andere emotional zu viel von ihm fordert.

Nun fragt sich vielleicht manch einer, ob eine solche Deutung den kleinen Details nicht zu viel Gewicht beimißt. Können Hände tatsächlich so viel über eine Person aussagen? Die Antwort ist: Ja. Immer wieder habe ich in all den Jahren der Beobachtung bestätigt gefunden, daß solche Einzelheiten des Schlafs die ganze Person widerspiegeln. Wenn ein Mensch gewohnheitsmäßig Nacht für Nacht in einer bestimmten Weise schläft, so verkörpert diese seine psychischen Bedürfnisse und Ängste. Und die Sprache der kleinen Körperteile mag zwar subtil sein, aber weniger aussagekräftig ist sie deshalb nicht.

Offensichtlich entsprechen den verschiedenen Grundpositionen im allgemeinen bestimmte Handstellungen. So scheint es sich in der halbfoetalen Seitenlage von selbst anzubieten, die Hände in Höhe des oberen Brustkastens vor den Körper zu legen. In der »königlichen« Rückenlage dagegen liegen sie meistens neben dem Körper auf der Matratze, die Handflächen wie zum Zeichen maximaler Empfänglichkeit gewölbt. Und in der Bauchlage werden sie normalerweise bei gebeugten Ellbogen über den Kopf gestreckt. Diese *Froschposition* hat allerdings einen Nachteil; es kann zu Durchblutungsstörungen in den Armen kommen, dem früher erwähnten Armgeflechtssyndrom.

Werden die Hände über dem Bauch gefaltet oder aufeinandergelegt, so scheinen sie eine schützende Funktion zu übernehmen. Der Bauch wird mit Nahrung assoziiert und steht in einem engen Zusammenhang mit der Mutter-Kind-Säugebeziehung. Eine Patientin, die als Kind von ihrer geistig verwirrten, häufig betrunkenen Mutter oft im Schlaf geschlagen worden war, schlief, die Hände auf dem Bauch übereinandergelegt, in der Königsposition, die in diesem Fall nicht Sicherheit und Offenheit zum Ausdruck brachte, sondern maximale Abwehrbereitschaft. Offenkundig wurde die Änderung der Bedeutung dieser Position durch die Haltung der Hände, die, anstatt die durch die Rückenlage angedeutete Offenheit und Entspannung zu bestätigen, vielmehr ein Gefühl der Unsicherheit verrieten. Den schlüssigen Beweis, daß bei ihr diese Königspose tatsächlich nicht »natürlich«, sondern eine Abwehrhaltung war, erbrachte die Frau dann später selbst: Mit zunehmender Besserung im Verlauf der Therapie ging sie zur Seitenlage über und erlebte nur noch einmal einen Rückfall, als der Therapeut in Urlaub war, und sie die Sicherheit vermißte, die ihr die Behandlung gab. Nach Rückkehr des Arztes schlief sie sofort wieder in Seitenlage.

Ebenfalls sehr bedeutsam kann die Lage der Hände über Kopfhöhe sein. Die bereits erwähnte *Schwimmflügel-Hal-*

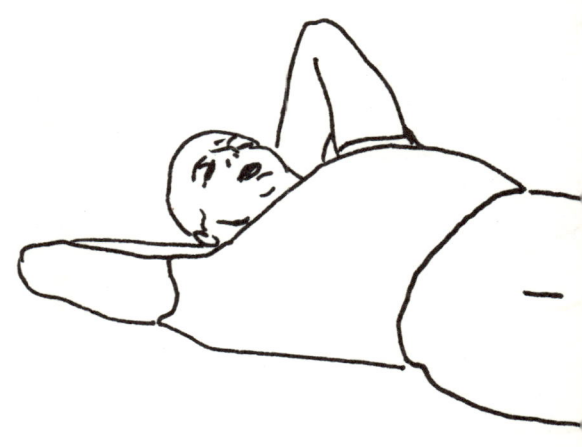

Die Schwimmflügel-Haltung

tung, bei der der Kopf in den Handflächen ruht, während die Ellbogen nach beiden Seiten wegstehen, ist charakteristisch für Menschen, zu deren Abwehrmechanismen in erster Linie die Intellektualisierung, die Umleitung aller Empfindungen in den Kopf, gehört. In einer Laudatio auf Hannah Arendt nannte die Romanschriftstellerin Mary McCarthy die verstorbene Sozialphilosophin die einzige Person, die sie je habe denken *sehen.* Dann beschrieb sie, wie Hannah Arendt in Schwimmflügel-Haltung auf der Couch lag.

In der *Turnerhaltung* liegt der Schlafende auf dem Rücken, die Hände in Ohrenhöhe neben dem Kopf, als wolle er Gewichte heben oder einen Klimmzug machen. Durch diese Handstellung wird der mit der Rückenlage verbundene Eindruck der Selbstzufriedenheit noch unterstrichen. Manchmal allerdings, in der sog. *Kapitulationshaltung,* wer-

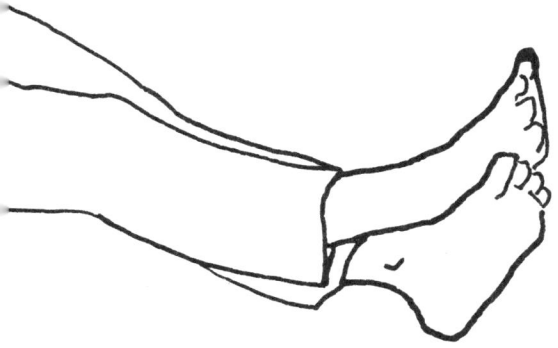

den die Hände auch ganz über den Kopf hochgenommen, als gehorche der Schlafende dem Kommando »Hände hoch!«. Hier sind die Hände untätig und deutlich sichtbar. Diese von ihnen angezeigte Passivität widerspricht in gewisser Hinsicht der Grundposition, der Königspose. Aber wie wir alle wissen, gibt es nicht nur starke, sondern auch schwache Könige.

Manchmal umklammert im Schlaf eine Hand die gegenüberliegende Schulter. Gelegentlich geschieht das auch beidseitig, gerade als wäre es dem Schläfer kalt, als brauchte er die Wärme eines anderen oder müßte sich selbst zusammenhalten. Im Grunde jedoch sind Leute, die diese *Knäuel-Position* einnehmen, selten wirklich offen, was ihre Bedürfnisse angeht: Ihre Finger sind im allgemeinen fest zusammengepreßt, nicht gespreizt wie bei einer wirklichen Umarmung.

Benutzen wir im Wachzustand unsere Hände, um das Gesagte durch Gesten zu unterstreichen und zu veranschaulichen, so können unsere Hände im Schlaf, wo wir unfähig sind, unsere Gedanken durch zusammenhängendes Reden auszudrücken, noch viel beredter werden. Wir benutzen sie

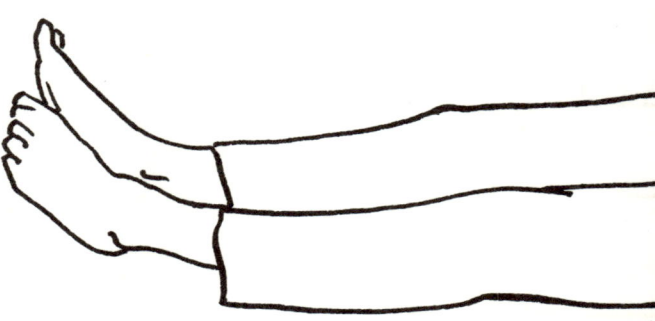

Die Boxer-Haltung

wie Taubstumme in einer höchst ausdrucksvollen Weise. So z. B. pflegte ein Mann immer mit einem über die Lippen gelegten Finger zu schlafen, als wollte er sagen: »Pst, sei still.« Und eine meiner Patientinnen legte ihre Hand im Schlaf auf die Genitalien – eine wohl nicht eben schwer deutbare Geste. Allerdings kam in diesem Fall noch ein Element hinzu, das in direktem Widerspruch zu dieser beschützenden Geste stand. Manchmal nämlich schlief die betreffende Frau mit einer Streichholzschachtel in der wie gewöhnlich über die Genitalien gebreiteten Hand ein. Dies zeigt, daß sie, auch wenn sie sich davor schützen wollte, einer hitzigen sexuellen Erregung sehr wohl fähig war.

Die zu Fäusten geballten Hände in der *Boxer-Haltung* verraten Aggressivität und Feindseligkeit. Ein junger Mann, der normalerweise mit flach ausgebreiteten Händen schläft, sie aber auf Besuch bei seinen Eltern zu Fäusten ballt, demonstriert dadurch deutlich seine Gefühle seiner Familie gegenüber. Auch beim Paarschlaf werden, wie wir später noch sehen werden, Aggressivität oder Liebe dem schlafenden Partner gegenüber oft durch die Stellung der Hände und anderer kleinerer Körperteile ausgedrückt.

Als eine Patientin zu ihrer Überraschung erfuhr, ihr geschiedener Ehemann beabsichtige, eine ihrer besten Freundinnen zu heiraten, ballte sie im Schlaf die Hände zu Fäusten, steckte aber den Daumen zwischen Finger und Handfläche. Damit mokierte sie sich gewissermaßen über ihre eigene Aggressivität. Im Wachzustand verhielt sie sich übrigens entsprechend. Sie fühlte sich, so wütend sie auch war, unfähig, ihren Ärger auszudrücken, da sie sich objektiv nicht dazu berechtigt sah.

Eine krebskranke Frau, die die rechte Brust verloren hatte, änderte nach der Operation ihre Schlaflage in zweifacher Hinsicht. Hatte sie ursprünglich hauptsächlich auf der rechten Seite geschlafen, so bevorzugte sie nun aus körperlichen Gründen die linke und begrub neuerdings ihr Gesicht in den Händen – eine klassische Trauergebärde.

All diese Beispiele zeigen deutlich, wie viel unsere Hände im Schlaf über uns verraten können. Wir setzen auch in der Schlafwelt das Drama unseres Lebens fort, nur daß wir hier unsere Freuden und Kümmernisse, unsere Liebe und unseren Haß nicht durch die Sprache, sondern durch die Körpersprache ausdrücken und so in der Nachtwelt zu Pantomimen unserer persönlichen Geschichte werden.

VI

Die exotischen Schlafstellungen

Die exotischen Schlafstellungen, denen wir uns in diesem Kapitel zuwenden wollen, liefern uns einen weiteren Beweis dafür, wieviel die Schlaflagen über die Grundhaltung eines Menschen zu seinen Mitmenschen und zum Leben überhaupt aussagen. Sie sind oft recht ausgefallen, z. T. einzigartig. Aber auch die bekannten sind sonderbar genug.

Eine der am häufigsten beobachteten exotischen Positionen ist der *Strauß*. Diejenigen, die gewohnheitsmäßig in dieser Lage – ein Kissen über dem Kopf – schlafen, versuchen offensichtlich, die Unannehmlichkeiten des Lebens auszuklammern. Sie deuten durch ihre Haltung an, daß sie von der Tagwelt und ihren Vorstellungen nichts wissen wollen und letztlich hoffen, sie möge sich schlicht in Wohlgefallen auflösen. Besonders auffallend an dieser Position sind die zugedeckten Ohren.

Immerhin dienen uns die Ohren in der Dunkelheit des Schlafs als Frühwarnsystem. Das Gehör ist nicht nur das wachste Sinnesorgan im Schlaf – es nimmt nachts sogar noch an Schärfe zu, vornehmlich in den REM-Stadien. Reicht unser Hörbereich im Wachzustand von 35 bis 130 Dezibel – wobei Dezibel die Maßeinheit für die Dämpfung ist und ein Gespräch in drei bis vier Meter Entfernung bei 50 Dezibel liegt, Donner bei 70, der Verkehrslärm in New York City bei 80 und darüber und Rock-Konzerte mit Lautverstärkereffekt bei 130, der äußersten Lautstärke, die wir vertragen –, so sinkt die untere Grenze im Schlaf sogar noch weiter ab.

Unser Ohr vernimmt Geräusche, die es im Wachzustand nicht mehr registrieren würde. Wie bereits erwähnt, können wir die Geräusche im Schlaf sogar genau unterscheiden. Eine Person, die in der Nähe einer Hochbahn wohnt, wird lernen, ihr Ohr gegen das metallische Dröhnen zu verschließen, und doch beim geringsten Geräusch an der Eingangstür aufwachen. Denn so taub wir den gewohnten Geräuschen gegenüber im Schlaf auch sind, die ungewohnten, vor allem solche, die Gefahr signalisieren, treffen auf ein spitzes Ohr. Wie ungeheuer wichtig dieser Wahrnehmungskanal im Schlaf für die Selbsterhaltung ist, geht allein schon daraus hervor, daß man kaum einen Menschen findet, der im Schlaf seine Ohren hält oder gar zuhält. Wenn nun aber jemand für den größten Teil der Nacht ein Kissen über den Kopf legt und sich so die Ohren zustopft, deutet das zweifelsohne auf ein äußerst starkes Bedürfnis hin, die Anforderungen der wachen Existenz fernzuhalten. (Der Gebrauch von Ohropax ist psychologisch ähnlich auszulegen.)

Für einen solchen Menschen ist es offensichtlich wichtiger,

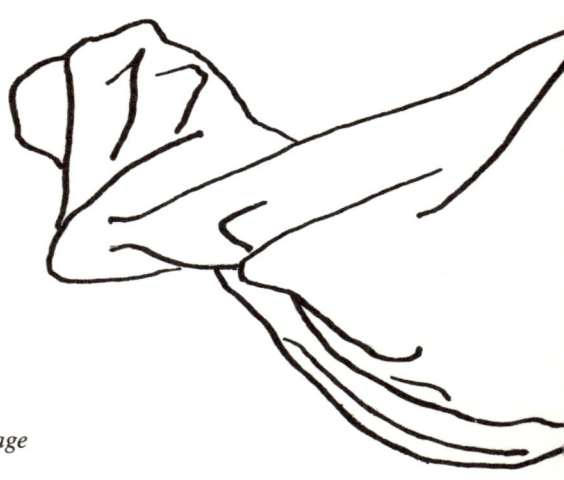

Die Mumien-Lage

den Kopf in den »Sand der Nacht« zu stecken, als sich vor einer möglichen Gefahr zu schützen.

Bei einer ganz ähnlichen Schlafposition, der *Mumien-Lage*, wickelt sich der Schläfer so in die Laken, daß er praktisch für die Nacht gefesselt ist, wobei die Tücher auch über den Kopf gezogen werden. Diese Menschen verstecken sich vor der Welt, liefern gewissermaßen einen graphischen Beweis ihrer Ängstlichkeit. Wie sie in der Tagwelt die Konfrontation scheuen und sich bei einer Party in einen dunklen Winkel verdrücken, so versuchen sie auch in der Nachtwelt, sich zu verstecken. Außerdem legen sie genau wie der »Briefumschlag-Mann« – der vorsichtshalber immer Zigaretten, Streichhölzer, ein Glas und eine Flasche Coca-Cola bereitstellte – das Bedürfnis an den Tag, bestimmte, im Wachzustand für unentbehrlich gehaltene Dinge auch in der Nacht bei der Hand zu haben. Aus dem gleichen Grunde wollten die ägyptischen Pharaonen mit ihren Schätzen begraben werden, um sie auf der dunklen Reise über den Totenfluß der Nachtwelt bei sich zu haben.

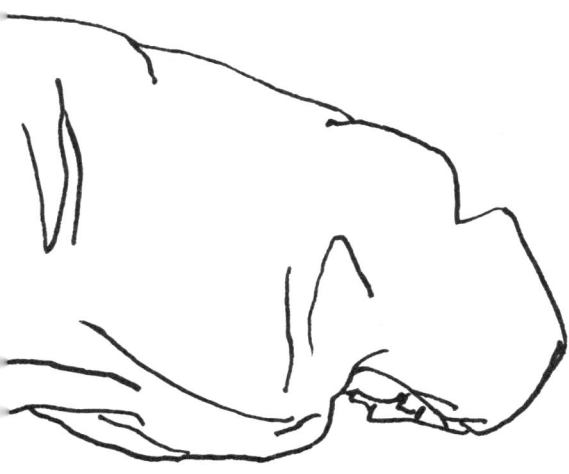

Die *Sphinx-Lage*, die wir bereits bei Kindern beobachtet haben, ist auch bei Erwachsenen nicht unbekannt. Auf den Knien zusammengekauert, reckt der Schläfer in dieser Lage den Rücken in die Luft, wie um der Schlafwelt Widerstand zu leisten – als wäre er vom Schlaf in die Knie gezwungen worden, ohne sich jedoch, wie ein Preisboxer, ganz in die Horizontale niederstrecken zu lassen. Kinder können es in dieser Stellung stundenlang aushalten, ehe sie in eine normalere Schlaflage überwechseln oder von besorgten Eltern umgebettet werden. Bei Erwachsenen geht diese Pose oft Hand in Hand mit Schlafschwierigkeiten. D. h., sie wollen so schnell wie möglich in die Tagwelt zurück, um den Kampf mit dem Leben fortzusetzen.

Eine andere meiner Patientinnen pflegte in der *Affen-Haltung* zu schlafen, wie ihre Bekannten, die sie beim Schlafen

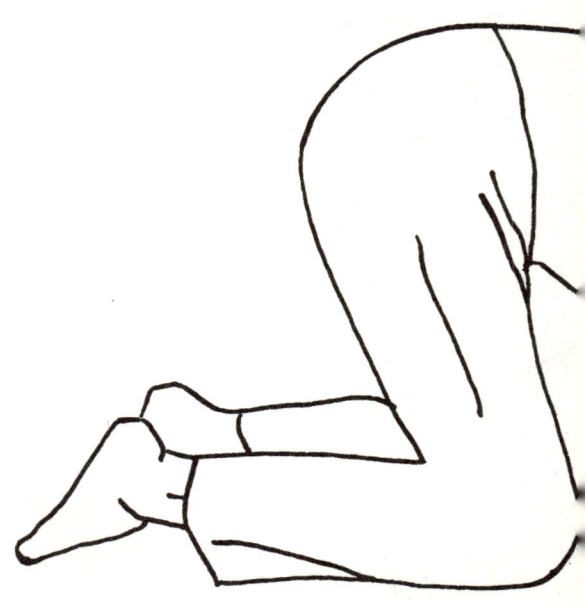

beobachtet hatten, ihre Lage nannten. Sie drückte die Schultern gegen das Bett, während ihr Unterkörper, leicht angezogen, auf der Seite lag, das rechte Bein, den Genitalbereich schützend, über das linke geschlagen, der Unterschenkel etwas abgespreizt. Das andere Bein war in voller Länge ausgestreckt wie auch die Arme, die über den Kopf gereckt waren. Und diese dreschflegelartig ausgebreiteten Extremitäten verliehen ihr bei dem zusammengezogenen Rumpf tatsächlich etwas Affenartiges.

In Wirklichkeit aber steckt diese Affen-Haltung voller Widersprüche. Sind Arme und Hände ausgestreckt, als suchten sie Kontakt, werden die Genitalien durch den übergeschlagenen Oberschenkel bedeckt; und während der Oberkörper die Königslage anzustreben scheint, sucht der Unterleib die halbfoetale Lage. Ähnliche Widersprüche

Die Sphinx-Lage

waren in der Tat im wachen Leben der jungen Frau zu beobachten, die zwar regelmäßig sexuelle Kontakte suchte, sich aber letztlich einer offenen Partnerbeziehung als unfähig erwies.

Oft wird die Affen-Haltung, oder Varianten davon, nur für kurze Zeit eingenommen, wenn sich der Schläfer aus der halbfoetalen Lage in die Königsstellung dreht oder umgekehrt. Solche Übergangshaltungen sind psychologisch unergiebig. Rückschlüsse auf das Verhalten können nur aus einer über längere Zeit beibehaltenen Lage gezogen werden.

Ein anderer meiner Patienten hatte von früher Kindheit an

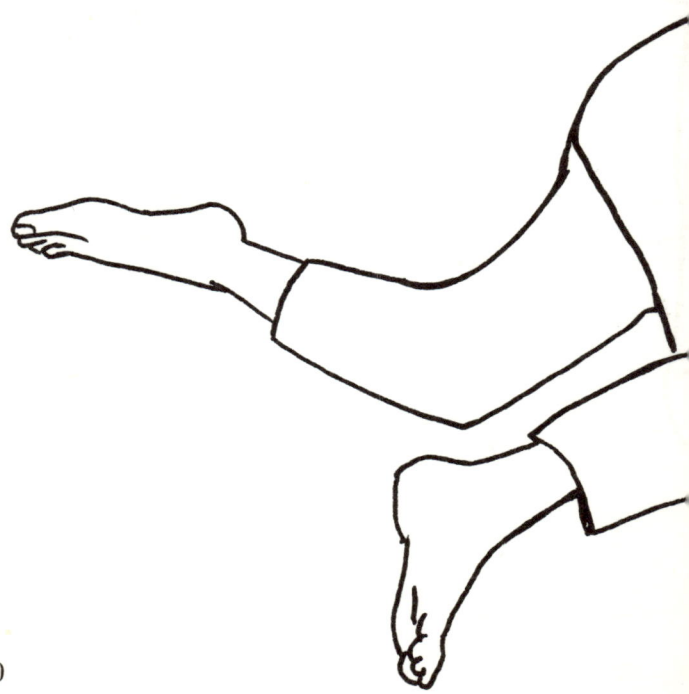

mit Schlafschwierigkeiten zu kämpfen. Abend für Abend schoß ihm beim Versuch, seine Angstwelt unter Kontrolle zu bekommen, eine solche Flut von Gedanken durch den Kopf, daß er nicht einschlafen konnte. Natürlich wachte er am nächsten Morgen müde und unausgeschlafen auf und hatte Mühe, in der Schule bzw. am Arbeitsplatz seinen Mann zu stehen. Schließlich war es ihm geglückt, eine Schlafposition zu entwickeln, die ihm eine Zeitlang ein leichteres Einschlafen ermöglichte. Er hatte sich ein zweites Kissen zugelegt, rollte sich darum herum wie um einen Kern, drückte es gegen die Brust und schloß es – die Beine zur foetalen Lage hinaufgezogen, die rechte Hand neben der

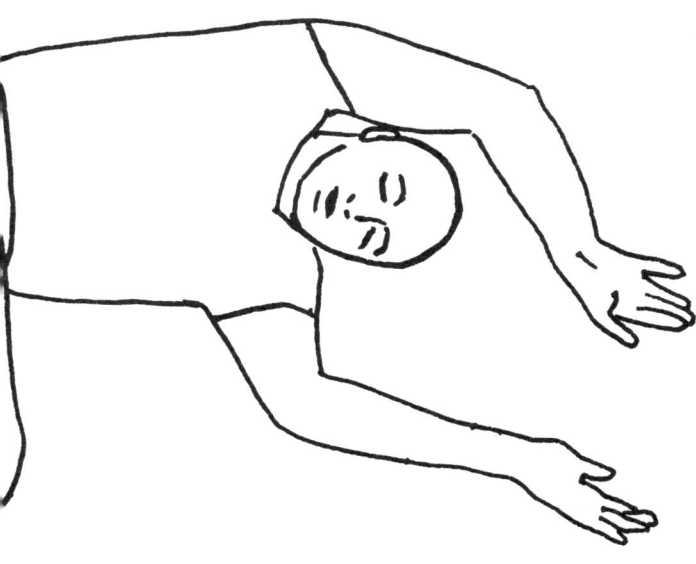

Die Affen-Haltung

Backe – fest in die Arme. Wenn er einmal, z. B. auf Reisen, kein zweites Kissen auftreiben konnte, improvisierte er sich eines aus Jacke oder Mantel und schob es unter den Kopf. Schließlich suchte er aufgrund seiner anhaltenden Schlafstörungen einen Hypnotiseur auf und entwickelte eine neue Einschlaftechnik. Wie die hypnotisierende Stimme auf dem Tonband forderte, legte er sich flach auf den Rücken, den linken Arm neben dem Körper ausgestreckt, den rechten legte er jedoch, entgegen der Anweisung, nach oben über das rechte Auge, um, wie er selbst sagte, einen Teil der Welt auszuschließen. Das linke Auge jedoch ließ er offen (um ein Gegengewicht gegen die rasende Flut seiner Gedanken zu schaffen), bis die Kombination aus Schlaftabletten und Hypnose ihre Wirkung tat. Diese Lage möchte ich die *Zyklopen-Haltung* nennen, denn der Patient mußte, um nicht von seinen Gedanken überwältigt zu werden, das linke Auge offen lassen, konnte also keine Schlafmaske brauchen.

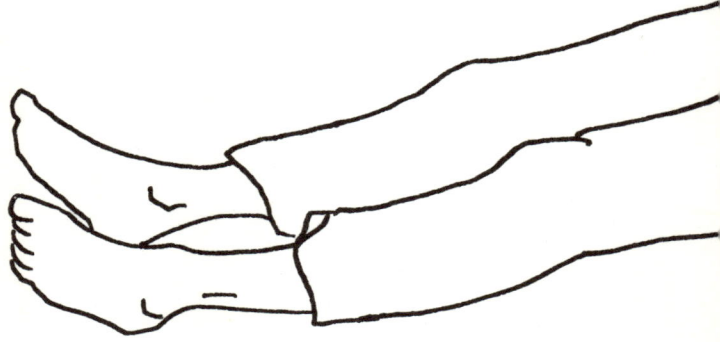

Im übrigen halte ich es für äußerst aufschlußreich, daß er bei der Zeichnung projektiver Figuren (die bei psychologischen Tests die Selbstvorstellung repräsentieren) stets die Pupillen fortließ und Männer wie Frauen mit weitaufgerissenen, nur durch Umrandung angedeuteten Augen auf die Welt starren ließ.

Nach mehreren psychotherapeutischen Sitzungen fühlte er sich weniger geängstigt, hatte die Welt für ihn an Schrecken verloren. Dementsprechend verspürte er auch nicht mehr das Bedürfnis, ein Auge beim Einschlafen offenzuhalten. Er hatte seinen Gedankenfluß besser unter Kontrolle gebracht und konnte nun eine Schlafmaske benutzen. Außerdem legte er sich in der Alpha-Position mit dem Kissen auf der Brust nun auf den Rücken. Kurz vor dem Einschlafen wechselte er wieder in seine alte foetale Omega-Position und rollte sich um den Kissen-Kern herum zusammen. Die Tatsache, daß er das Kissen jetzt auf der Brust behielt, zeigte

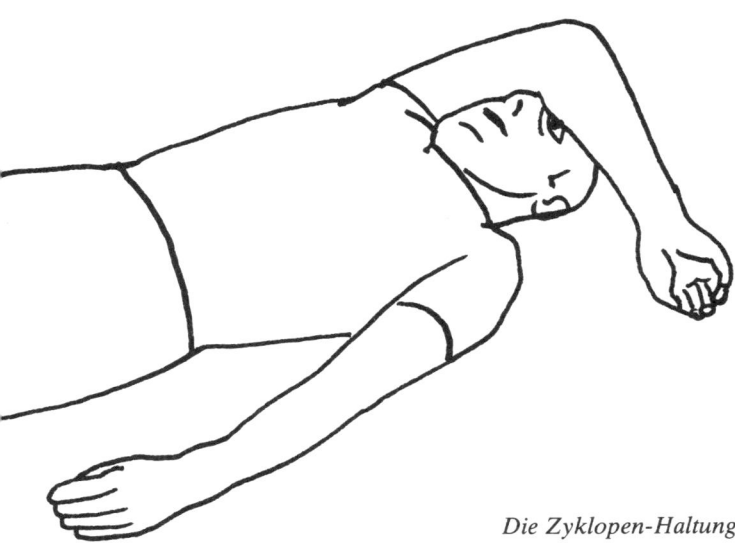

Die Zyklopen-Haltung

103

an, daß er sich mehr und mehr zutraute, einschlafen zu können. Seine ursprüngliche Hemmung, sich voll zu entfalten, die die ausgesprochen foetale Lage verrät, war allerdings immer noch vorhanden. Er konnte aber dank einer unbestreitbaren, wenn auch begrenzten Reifung seiner Person bereits die ausgefallene Zyklopen-Stellung aufgeben – ein weiterer Beweis dafür, daß der Mensch seine Schlafhaltung (in diesem Fall durch Psychotherapie) mit seiner Lebensweise ändert.

Neben dieser Zyklopen-Position gibt es noch andere außergewöhnliche Schlafhaltungen, bei denen ein Kissen eine Rolle spielt, so die *Holländerin,* wie ich diese Lage nennen möchte. Eine »Holländerin« ist ein längliches, polsterartiges Leinenkissen mit einem Baumwollüberzug, das seit der holländischen Kolonialzeit im Fernen Osten in Gebrauch ist und – da das Leinen mit seiner niedrigen spezifischen Wärme den Schläfer kühlt und der Baumwollüberzug den Schweiß aufsaugt – eine doppelte Kühlfunktion ausübt. Gewöhnlich wird dieses Kissen der Länge nach ins Bett gelegt, so daß es der Schläfer wie einen Schlafpartner umarmt. Daher auch der Name.

In derselben Lage schlief einer meiner Patienten, obwohl er

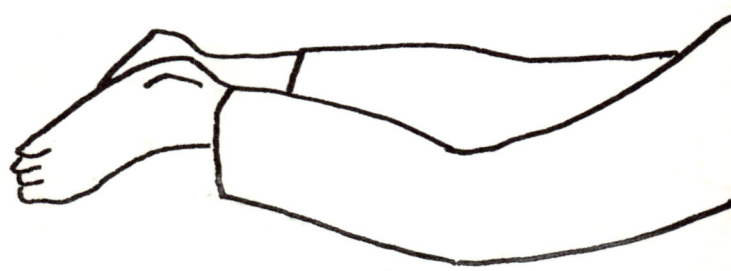

Die Holländerinnen-Lage

104

von diesem Kissen nichts wußte – allerdings hatte er auch nicht vor, sich von der »Holländerin« kühlen zu lassen. Bei Beginn der Behandlung klagte er über Schwierigkeiten mit Frauen. Wie sich später herausstellte, war er als Kind Daumenlutscher gewesen. Um sich das Lutschen abzugewöhnen, hatte er im Alter von acht Jahren angefangen, vor dem Einschlafen seine Hand unters Kissen zu stecken. Diese Haltung hatte er bis zum Alter von dreizehn oder vierzehn beibehalten. In Reaktion auf den in der Pubertät einsetzenden sexuellen Drang hatte er dann begonnen, das Kissen im Schlaf auf die Seite zu schieben, bis es schließlich keine Sicherheits-, sondern eine Liebesfunktion erfüllte. Mit fünfzehn schlief er auf dem der Länge nach unter den Körper geschobenen Kissen. Zwischen siebzehn und achtzehn durchlebte er eine defensive Phase, in der er sich heftig von Frauen abwandte und das Kissen, vordem Tröster und Ersatz für die geliebte Person, allnächtlich voller Abwehr auf den Boden stieß, während er in der Bauchlage im Bett zurückblieb.

Mit zwanzig etwa nahm er die »Holländerinnen-Lage« ein. Gereift, wie er inzwischen war, fühlte er sich sicherer und begann, sich in seiner Phantasie freier mit Frauen zu

beschäftigen. Nun legte er das Kissen neben sich und umschlang es mit einem Arm, während er den anderen über das Kopfende des Bettes breitete. Dabei vertauschte er die Bauchlage mit der Seitenlage, so daß er das Kissen mit dem rechten Arm umarmen, bildlich also den ersehnten Schlafpartner in seinem Bett willkommen heißen konnte – auch wenn er bis dahin in Wirklichkeit mit Frauen noch nichts zu tun gehabt hatte. Wie sich seine Schlafstellung veränderte, als er schließlich tatsächlich zu einer Frau in Beziehung trat, werden wir später in dem Kapitel über den Paarschlaf sehen. Andere Leute wieder legen sich zum Schlafen ein Kissen zwischen die Knie. Als Grund dafür geben sie an, den in der Sandwich-Lage entstehenden Druck des einen Beins auf das andere abfangen zu wollen – genau betrachtet, wohl eine etwas oberflächliche Rationalisierung. Nehmen wir z. B. den Fall einer jungen Frau, die sich diese Gewohnheit nach

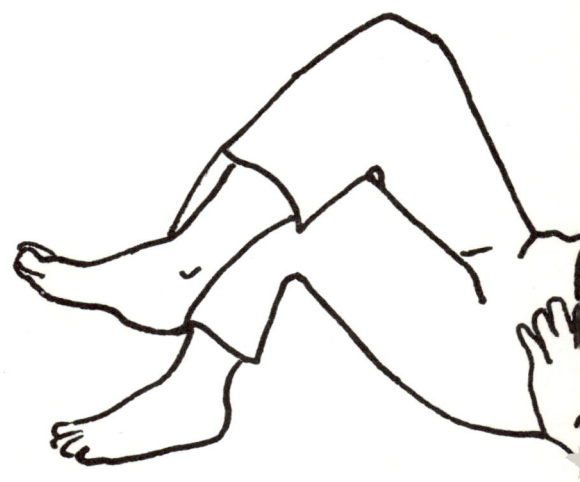

Die Barrymore-Lage

ihrer Verheiratung kurz nach Eintritt der Schwangerschaft zulegte. Durch den größer werdenden Bauch gezwungen, ihre Lieblingslage, die Bauchlage, gegen die Seitenlage zu vertauschen, gab sie vor, ein Kissen zu brauchen, um ihre schmerzenden Knie zu schonen. In Wirklichkeit jedoch steckte mehr dahinter.

Wie sich im Laufe der psychotherapeutischen Sitzungen herausstellte, war diese Frau von Kindheit an geritten. Ihr Vater, ein ausgezeichneter Reiter, hatte sie, kaum daß sie laufen konnte, vor sich aufs Pferd gesetzt und bei seinen Ausritten mitgenommen, und später hatte sie sich dann zu einem regelrechten Reit-As entwickelt. Was Wunder also, daß sie zur Zeit ihrer Schwangerschaft, als sie ein besonderes Bedürfnis nach Sicherheit und Geborgenheit verspürte, in der Schlafwelt die *Reiter-Haltung* einnahm, da ihr die damit verbundenen Assoziationen ein Gefühl der Sicherheit

gaben, so daß sie dem Zeitpunkt der Geburt ihres Kindes mit Gleichmut entgegensehen konnte. Ja, diese Stellung erwies sich als so befriedigend, daß sie sie heute noch einnimmt, obwohl die Schwangerschaft – und inzwischen sogar eine zweite – bereits lange zurückliegt.

Die Adler-Schülerin Susanne Schalit hat in ihrer Abhandlung u. a. zwei besonders interessante exotische Positionen beschrieben. Im einen Fall handelte es sich um einen elfjährigen Jungen, der fürs Theater schwärmte und gern theatralische Posen einnahm – eine Gewohnheit, die er sogar noch in den Anfangsstadien des Schlafes beibehielt. So schlief er manchmal auf dem Rücken, den Kopf hochgereckt, die Arme im Nacken verschlungen, die Knie

Die Soldaten-Haltung

108

angezogen und die Beine gekreuzt. Wie bereits bemerkt, hatte auch ich wiederholt Gelegenheit zu beobachten, daß Leute, die mit dem Theater zu tun haben, gern in der Königslage schlafen. Im Falle dieses Jungen aber wirkte die Pose durch die angezogenen Knie und die gekreuzten Arme sogar noch königlicher als sonst. Manchmal schlief er auch auf der Seite, die Wange in der Hand, den Kopf auf einen Arm gestützt, den anderen Arm in die Seite gestemmt. Offensichtlich posierte er in dieser Lage für einen Theaterphotographen. In dieser *Barrymore-Pose**, wie ich diese höchst eindrucksvolle Haltung bezeichnen möchte, konnte der Junge sogar mehrere Stunden zubringen, ehe er sich in einer normaleren Schlaflage entspannte.

* Anm. d. Übers.: Lionel Barrymore, amerikanischer Filmschauspieler und zeitweise Direktor der Filmgesellschaft Metro-Goldwyn-Mayer, geb. 1878 in Philadelphia.

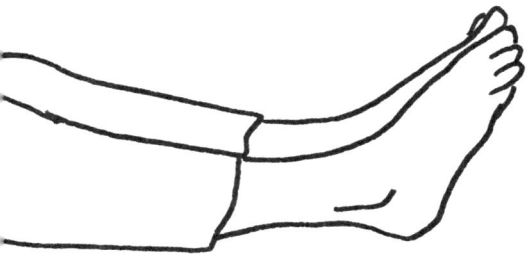

Im zweiten von Schalit beschriebenen Fall handelte es sich um eine vierzigjährige alleinstehende Frau – groß, blond, gut aussehend –, die aus einer preußisch-militärischen Familie stammte und sich wie ein echter Junker gebärdete. Sie trug das Haar militärisch kurz, zeigte sich stets energisch und pflegte alles prompt und korrekt zu erledigen. Selbst im Schlaf nahm sie »Hab-acht-Stellung« ein. Sie preßte die Arme an den Körper, reckte den Kopf, so hoch es ging, und zog das Kinn an; ja sogar die Zehen streckte sie nach Kräften, um eine möglichst tadellose Haltung anzunehmen. Diese *Soldaten-Haltung*, wie ich sie nenne (vgl. Abb. S. 108), ist für mich insofern von besonderem Interesse, als auch einer meiner Patienten in einer ähnlichen Position schlief – wenn auch mit einem bezeichnenden Unterschied. Mein Patient, ein Mann Anfang dreißig, hatte einen großen Teil seiner Kindheit auf einer Militärschule verbracht, mit anderen Worten, in einer Welt soldatischen Drills und Gehorsams gelebt. Als Kind, und sogar noch später als Erwachsener, fühlte er sich von einer dominierenden Vaterfigur erdrückt, ja überwältigt. Er schlief oft ganze

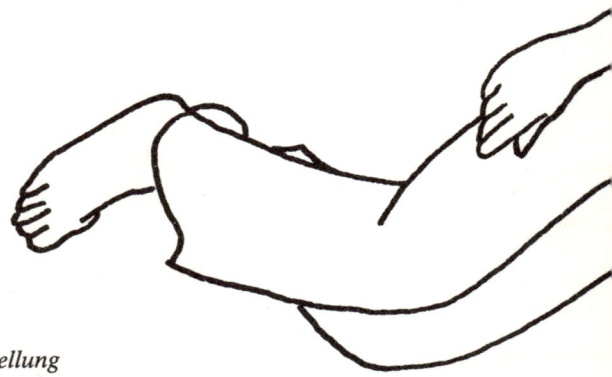

Die Stütz-Stellung

110

Nächte lang im Sitzen, die Hände an die Seite gepreßt, die Füße gerade ausgestreckt. Der obere Teil des Körpers nahm sozusagen eine militärische Haltung an; gleichzeitig deutete er durch den Knick in der Hüfte, der nahezu neunzig Grad betrug, Auflehnung gegen die durch die Grundposition zum Ausdruck gebrachte gehorsame Unterwürfigkeit an. Und in der Tat war seine Persönlichkeit durch den ständigen Kampf zwischen Selbstsicherheit und passivem Gehorsam gekennzeichnet – ein Kampf, der es ihm schwermachte, irgend etwas zum Abschluß zu bringen oder das Gefühl einer Vorwärtsentwicklung in seinem Leben zu erlangen.

Wichtig ist auch, daß er sich durch die Haltung des Oberkörpers gegen die normale horizontale Schlafachse auflehnte, und tatsächlich litt er unter Schlafwandel-Episoden – meist plünderte er den Eisschrank und aß in seinem Hunger nach Sicherheit praktisch alles, was sich ihm bot. Und all das im Schlaf! Nach solchen Schlafwandel- und Schlaf-Freßepisoden ins Bett zurückgekehrt, nahm er nicht selten eine andere exotische Haltung ein. Er legte sich, den Kopf in die Hand gestützt, auf die rechte Seite, den Arm im

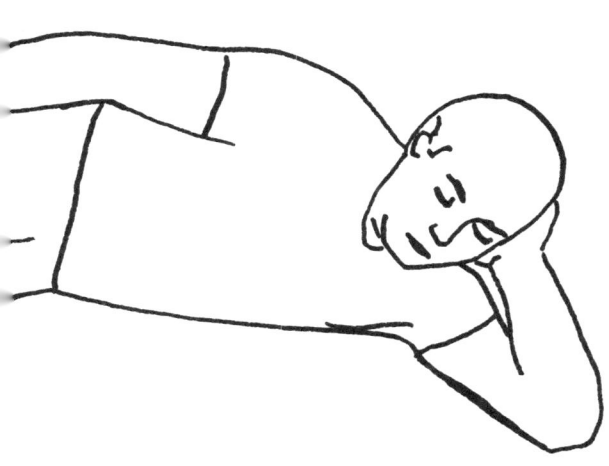

Ellenbogen abgewinkelt, so daß der Oberkörper rund dreißig Grad von der horizontalen Bettebene aufragte. In dieser *Stütz-Stellung*, wie ich sie nennen möchte, erinnerte er stark an einen schlemmenden Teilnehmer eines römischen Banketts.

Diese Haltung hatte in seinem Fall zweierlei zu bedeuten. Zum einen ahmte sie eine Eßhaltung nach, und zum anderen setzte sie, zumindest teilweise, die entschärfte Soldaten-Haltung fort. Ein zu Tische liegender Schlemmer und ein auf Befehl marschierender disziplinierter Soldat aber sind letztlich unvereinbar. In der Tat hatte dieser junge Mann, wie seine Schlafhaltungen andeuteten, auch im Wachzustand zwei Seelen in einer Brust.

Um den Patienten vom Somnambulismus zu heilen und von seinen Schlafstellungen zu befreien – die beide im Stadium IV des NREM-Schlafes auftraten –, verordnete ich ihm ein Mittel zur Verkürzung eben dieser Schlafphase, das gleichzeitig den REM-Schlaf fördert, so daß die Konflikte nicht so sehr ausgewandelt als vielmehr ausgeträumt werden. Die Arznei wirkte, und bald konnte der Mann in behaglicheren Stellungen schlafen. Trotzdem klagte er morgens über Steifheit auf der rechten Nackenseite. Diese kam, wie ein Bekannter berichten konnte, daher, weil er den größten Teil der Nacht mit gekrümmtem Körper, den Kopf nach rechts gedreht, schlief. Offensichtlich wollte er im Schlaf immer noch seine alten Abwehrhaltungen einnehmen, wurde aber von der Droge weitgehend daran gehindert. Als ich ihm den Zusammenhang erklärte, war er imstande, die letzten Reste seiner gestörten Schlaflagen von sich aus zu überwinden.

Daneben gibt es noch eine Anzahl anderer exotischer Haltungen. Da mir aber in manchen Fällen kaum persönliche Daten bekannt sind, möchte ich mich auf eine kurze Schilderung und die Skizzierung der mir aufgrund meiner klinischen Erfahrung angezeigten Deutung beschränken.

Eine dieser Positionen ist das *Matterhorn*. Der Schlafende liegt auf dem Rücken, ein oder beide Knie zu einer bergartigen Erhebung in der Mitte des Bettes angezogen. Nun verrät die Königslage, wie wir bereits wissen, Selbstsicherheit und Selbstzufriedenheit. Ein hochgezogenes Knie aber durchbricht die Grundfigur sowie die horizontale Achse: Die Genitalien sind geschützter als in der gewöhnlichen Königslage, als wollte der Betreffende damit sagen: »Ich bin etwas Besonderes, und es ist nicht einfach, mit mir intim zu werden. Du mußt erst die Höhen ersteigen und dich

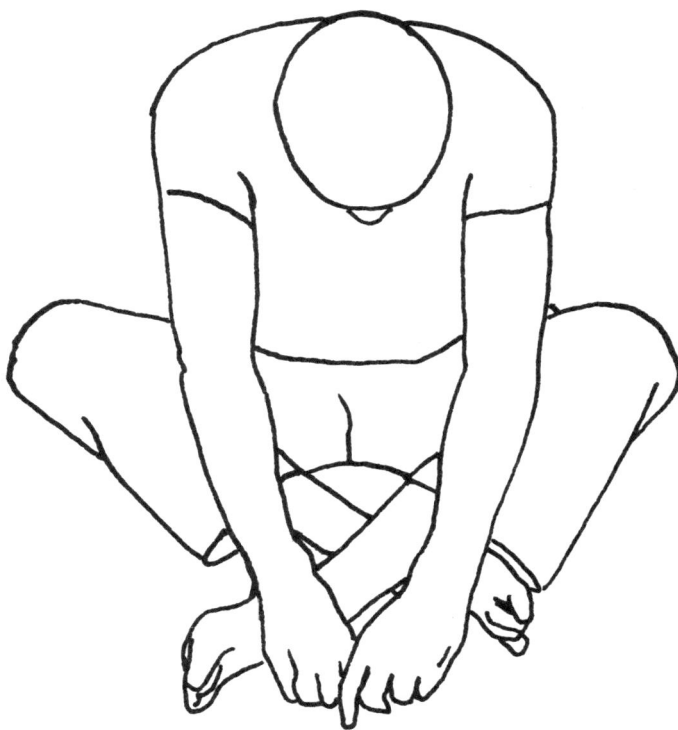

Die Muschel-Haltung

113

als würdig erweisen.« Mit anderen Worten, hier ist das Selbstwertgefühl betont, die Offenheit aber, die gebenden Elemente der Königslage, sind beschnitten.

Eine Frau, die die sexuellen Beziehungen zu ihrem Mann ablehnte, schlief in der *Gymnastik-Haltung*, gerade als wollte ihr Körper auch zur Schlafenszeit aufbleiben. Sie stopfte sich im Laufe der Jahre immer mehr Kissen in den Rücken, bis sie schließlich mehr oder weniger aufrecht saß, so daß der Mann, der die halbfoetale Lage bevorzugte, ihr unmöglich körperlich nahekommen konnte. Mit der wachsenden Zahl der Kissen wuchs natürlich auch die Entfremdung zwischen den beiden Ehepartnern, und schließlich kaufte sie sogar ein Sitzkissen, um ihrem nun gänzlich aufgerichteten versteiften Rücken in seiner Abwehrhaltung im Schlaf eine Stütze zu geben.

Eine andere Frau schlief zwar ebenfalls im Sitzen, bevorzugte aber eine völlig andere Haltung. Sie kreuzte die Beine

ähnlich wie im Lotossitz, einer Grundhaltung des Yoga, lehnte sich aber nicht in die Kissen zurück, sondern legte den Oberkörper nach vorn, den Kopf über die Knie gebeugt. Diese *Muschel-Stellung* (vgl. Abb. S. 113), wie ich sie nennen möchte, scheint mir auf eine komplizierte, wenn auch nicht notwendigerweise gespaltene Persönlichkeit hinzudeuten: Während die gespreizten Beine den Weg zu exponierten Genitalien freigeben, verrät der vorgebeugte Oberkörper den Wunsch, sich wie eine Muschel um sich selbst zu schließen, in sich selber zu versenken.

Eine andere Frau schlief flach ausgestreckt auf dem Rücken, in der linken Hand das Laken fast bis zum Kinn hinaufgezogen; die andere Hand, die Handfläche leicht gewölbt und nach oben gedreht, hielt sie über dem Kopf. Diese *Katzen-Lage* deutet durch die zusammengeballte, das Laken haltende Hand wie die Boxer-Haltung Abwehrbereitschaft an, wohingegen die rechte, teilweise geöffnete Hand mit ihren

Die Katzen-Haltung

auseinanderstehenden Fingern eher den Eindruck einer krallenbewehrten, zuschlagbereiten Katzenpfote erweckt.

In der *Seestern-Lage*, einer Abwandlung der Königslage, liegt der Schläfer auf dem Rücken, beide Arme und Beine weit abgespreizt, wodurch die Selbstachtung der Königslage fast bis zur Selbstverherrlichung gesteigert wird. Die gespreizten Extremitäten dagegen lassen auf den in der Regel in Zusammenhang mit der Bauchlage auftretenden Wunsch, die Bettfläche zu beherrschen, schließen. Eine Variante der

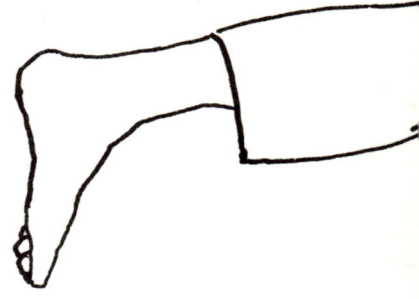

Die Hakenkreuz-Lage

Sphinx-Stellung ist die *Schmetterlings-Haltung,* die sich eine junge Berufstänzerin auserkoren hatte. Sie schlief, wie sich auf Befragung herausstellte, stets auf dem Bauch, den Kopf zwischen den Händen, den Rücken leicht in die Luft gereckt, die Beine flügelartig und wie zum Fliegen bereit gespreizt. Die antennen- oder fühlerartig über den Kopf gestreckten Hände spiegelten ihr Suchen nach neuen Bekanntschaften und neuen beruflichen Möglichkeiten wider, durch das ihr Alltag gekennzeichnet war.

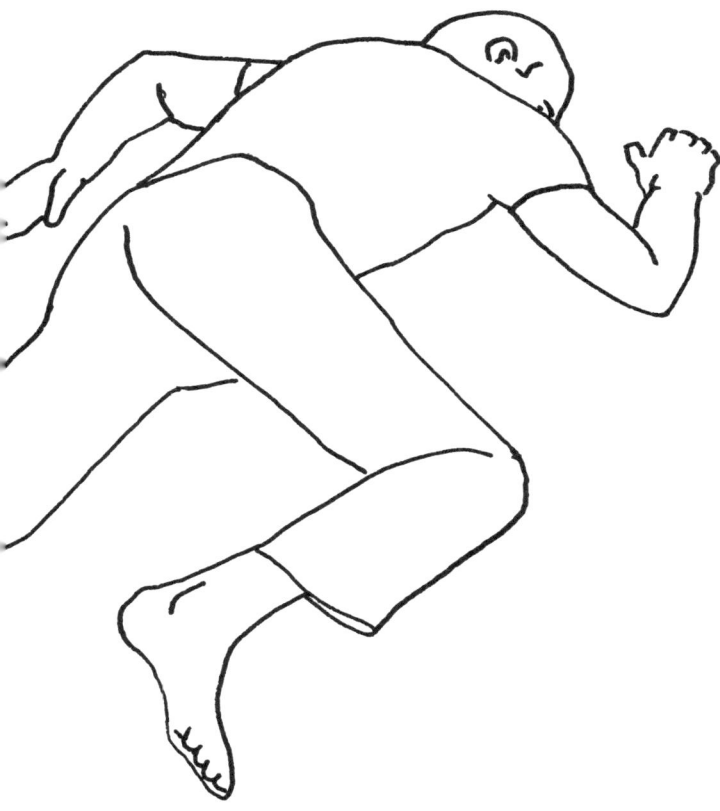

Häufig werden auch Fuß- und Kopfende vertauscht. Die Gewohnheit, beim Schlafen den Kopf aufs Kissen zu legen, wird vom Körper im Dunkeln gewissermaßen umgekehrt – aus Opposition gegen eine Welt, in der alles verkehrt ist. Die auf das Kopfkissen gebetteten Füße und der am Fußende des Bettes ruhende Kopf illustrieren graphisch, wie verdreht dieser Mensch im Leben steht, wobei dieser Position beim Paarschlaf, wie wir im nächsten Kapitel noch sehen werden, besondere Bedeutung zukommt.

Nun sollte man in diesem Zusammenhang allerdings darauf hinweisen, daß diese Schlafhaltung in bestimmten Gegenden unter bestimmten Umständen als völlig normal gilt. So war es bei Bauern in Europa üblich, die Füße aufs Kissen zu legen, weil sie tagsüber am meisten geleistet und deshalb in der Nacht auch den besten Platz verdient hatten. In Amerika pflegte vor der Zeit der Klimaanlagen ein großer Teil der Mittelschicht, wie eine Umfrage über ihre Schlafgewohnheiten ergab, in den heißen Nächten verkehrt herum im Bett zu schlafen, weil sie diese Lage für kühler hielten.

Außerordentlich selten ist die *Hakenkreuz-Lage* (vgl. Abb. S. 116). Hier hat der auf dem Bauch liegende Schläfer einen Arm über den Kopf gestreckt und das gegenüberliegende Bein im Knie angewinkelt. Obwohl diese Haltung von Ärzten und Schlafexperten allgemein als die bequemste Lage im Bett gepriesen wird, habe ich persönlich bei all meiner Erfahrung nur zwei Leute kennengelernt, die tatsächlich so geschlafen haben. Dafür kann man diese entspannt und behaglich wirkende Position um so häufiger in der Matratzen-Werbung sehen. Daß man diese Schlafhaltung in Wirklichkeit so selten antrifft, ist ein weiterer Beweis dafür, daß unsere Schlafhaltung mehr über unsere persönliche Lebensart als über die Bedürfnisse unseres Körpers aussagt.

Die verschrobenen, oft unbequemen exotischen Schlafhaltungen, die der Körper bisweilen im Dunkeln einnimmt, machen also die Eigenheiten des Schläfers auf eindrucksvolle Weise sichtbar. Ohne Rücksicht auf sein eigenes Wohlbefinden bringt er die ganze Person – ihre Beziehungen und Ansichten, ihre Abwehrmechanismen, Konflikte usw. – zum Ausdruck, zeigt durch seine Verknotungen und Verschlingungen, daß unser Leben aus der Fasson geraten ist, illustriert die Verzerrungen und Verrenkungen unserer Existenz und gibt diese Verdrehungen und Windungen gewissermaßen nur auf, wenn es uns gelingt, unsere persönlichen, in dieser Schlaflage zum Ausdruck kommenden Konflikte zu lösen.

VII
Der Paarschlaf

Je mehr ich mich mit der Wissenschaft der Schlafpositionen beschäftigte, desto klarer wurde mir, daß auch der Paarschlaf seine ganz besonderen Schlaflagen hat, daß sich die Gefühle zweier Menschen, die zusammenleben und das Bett teilen, auch in der Schlafwelt ausdrücken müssen. Erzählen die Schlaflagen des allein lebenden Menschen seine ureigenste Geschichte, so muß er, wenn er eine Partnerbeziehung eingeht, seine Schlafgepflogenheiten allein schon aufgrund der Anwesenheit eines anderen, ebenso einzigartigen und einmaligen Individuums im Bett (wie im täglichen Leben) in gewisser Weise modifizieren.

Die Schlafwelt ist weitgehend eine ganz private Welt, und doch teilen die meisten von uns das Bett mit einer anderen Person. Selbst mitten in unseren einsamen Träumen liegt der warme Körper des Mannes oder der Frau oder des Geliebten, mit dem oder der wir gemeinsam durchs Leben gehen, neben uns, berührt uns tröstlich, sei es nun mit dem Bein, der Brust oder dem Hinterteil. Die private individuelle Erfahrung der Schlafwelt bleibt zwar unangetastet, auch wenn wir mit einem anderen zusammen schlafen, aber die Art und Weise, in der sich zwei Menschen im Schlaf körperlich zueinander verhalten, enthüllt eine ganze Menge über ihre Freuden und Enttäuschungen und Versuchungen in ihren täglichen Beziehungen. Denn selbst im Schlaf benutzen wir unseren Körper noch dazu, um unserem Partner unsere Gefühle mitzuteilen.

Zu Beginn der Beziehung wird das Paar häufig die sogenannte *Löffel-Lage* einnehmen. Beide liegen in der halbfoetalen Lage auf der Seite, die Körper aneinandergeschmiegt wie zwei Löffel in der Schublade. Beide schauen in dieselbe Richtung, wobei der hinten liegende Schläfer gewöhnlich die Genitalien an das Gesäß des vorderen preßt und auch oft eine Hand besitzergreifend oder zärtlich auf Brust oder Brustkasten, Magen oder Genitalien des anderen legt. Die Beine können ineinander verschlungen sein und den Wunsch des Paares, miteinander zu verschmelzen, ausdrükken, oder der rückwärtige Partner mag durch ein über den anderen gelegtes Bein seinen Besitzanspruch andeuten.

In unserer Gesellschaft, in der der Mann dominiert, wird er beim Einschlafen in der Regel den hinteren Platz einnehmen. Liegt dagegen die Frau hinter dem Mann, kann das das Zeichen einer schützenden oder hegenden Haltung sein oder einfach zum Ausdruck bringen, daß die Frau diejenige von beiden ist, die mehr gibt und hinten liegt, um den Mann leichter umarmen zu können. Im Laufe der Nacht, auf der langsamen Reise zur Dämmerung, wird sich das Paar ohne aufzuwachen auf die andere Seite drehen. Dabei spielt es meist keine Rolle, wer von beiden den Lagewechsel einleitet; der Partner wird synchron mitmachen, so daß das Paar wie in einem graziösen Tanz eine nächtliche Pavane ausführt.

Die Löffel-Lage ermöglicht ein Maximum an physischer und gefühlsmäßiger Intimität während des Schlafs und führt oft zu ausgesprochen erotischen Handlungen. Die Lage der Arme und Hände deutet den Grad sexueller Offenheit zwischen den beiden an. Legt der hintere Partner die Hand gewöhnlich auf die Genitalien des vorderen, zeugt das von einer besonders engen sexuellen Bindung. Dabei kommt es manchmal auch – vornehmlich im Zusammenhang mit den REM-Perioden und ihren typischen genitalen Schwellungen – zu einem masturbierenden Streicheln, das gewissermaßen

Die Löffel-Lage

die Rolle des »Vorspiels« erfüllt, die Partner schließlich weckt und zum Koitus überleitet.

Zärtliche Gefühle werden vielfach dadurch ausgedrückt, daß der Partner die Brust umfaßt. Legt er die Hand dagegen auf den Magen, eine neutralere Stelle, so deutet er durch den Arm wohl noch Nähe und Umarmung an, meidet aber durch die Lage der Hand offenen sexuellen Kontakt.

Besonders verliebte Paare bevorzugen eine noch engere, noch intimere Haltung, die *Umarmung*. Dabei liegen die Partner ebenfalls auf der Seite, haben einander jedoch das Gesicht zugewandt und umschlingen sich mit den Armen, als wollten sie zu einem einzigen Wesen verschmelzen.

Diese Lage ist zwar nicht so häufig wie die Löffel-Lage, kommt aber zu Beginn einer engen Beziehung relativ häufig vor, ja wird in seltenen Fällen sogar über Jahre hinweg beibehalten. Als ich vor kurzem an einer Familienveranstaltung teilnahm, erzählten mir eine Cousine und deren Mann von ihren Schlafgewohnheiten. Obwohl sie bereits seit vierzig Jahren verheiratet sind, schlafen sie immer noch Wange an Wange eng umschlungen. Zu dieser dauerhaft nahen Beziehung konnte ich ihnen nur gratulieren.

In den meisten Ehen nämlich treiben die Partner, wie die Kontinente, im Laufe der Zeit körperlich auseinander. Ja, man könnte eine Art Geschichte des Paarschlafs verfassen, die sicher in den meisten Fällen zuträfe. In der Regel wählen die Partner zu Beginn der Ehe die Umarmungsposition. Nach ein paar Monaten nehmen sie dann wahrscheinlich die Löffel-Haltung ein, die sich nach weiteren fünf Jahren wieder etwas lockern wird. Zwischen den beiden Partnern wird allmählich ein Ritz und dann ein freier Raum entstehen, wenn auch der direkte Kontakt noch durch Berührungen mit der Hand, dem Knie oder dem Fuß aufrechterhalten wird, gerade, als würden die auseinandertreibenden Körper noch durch eine Landenge des Gefühls zusammengehalten.

Dieses Auseinandertreiben ist in der Regel ein Prozeß, der sich über Jahre erstreckt. Erst werden größere Betten angeschafft: Die Partner wollen mehr Platz haben, wodurch sich natürlich auch der Abstand zwischen ihnen vergrößert. Das geschieht gewöhnlich nach etwa zehn Jahren und geht vielfach Hand in Hand mit einer weiteren Änderung der Schlaflage – die Partner kehren nun, noch immer auf der Seite schlafend, einander den Rücken zu, unterhalten aber, eventuell durch die Füße, noch immer zärtlichen Kontakt. Oder aber einer der Partner kehrt in seine Lieblingslage zurück, die er zu Beginn der Ehe zugunsten der körperlichen Intimität aufgegeben hat.

Nach fünfzehn Jahren des Zusammenlebens kann wieder eine neue Phase eintreten, in der das Ehepaar mit dem Erwerb eines Hollywoodbettes zu getrennten Matratzen, Laken und Decken übergeht. Der Kontakt, die Gemeinsamkeit zwischen den Partnern wird nun nur noch durch das durchgehende Kopfbrett betont. In manchen Fällen werden auch getrennte Betten mit einer Lampe dazwischen benutzt. Schließlich, wenn es die räumlichen Verhältnisse erlauben, entscheidet sich das Paar für getrennte Schlafzimmer mit gemeinsamer Badezimmerbenutzung und offenen Türen auf beiden Seiten. Dann werden sie nachts den Weg zueinander nur noch finden, wenn die libidinösen Feuer hoch aufwogen.

Nun darf man aber nicht glauben, daß diese zunehmende physische Trennung, dieser kontinuierlich abnehmende körperliche Kontakt im Schlaf, notwendig gleichbedeutend ist mit einem emotionalen Bruch zwischen dem Paar. Im großen und ganzen zeigt sie lediglich an, daß die Partner in ihrem gegenseitigen Verhältnis eine solche Sicherheit entwickelt haben, ihre Beziehung als so dauerhaft empfinden, daß sie die physische Trennung im Schlaf ertragen können, ohne deswegen eine gefühlsmäßige Entfremdung zu befürchten. In der Tat sind physischer Kontakt und emotionale Bindung ja nicht ein und dasselbe. In einem überfüllten Lift z. B. haben wir ein Maximum an physischem Kontakt bei einem Minimum von emotionalem Austausch, während umgekehrt in einer langen Paarbeziehung der Gleichklang des Empfindens ein Maximum erreicht haben kann, obwohl die beiden Partner in getrennten Zimmern schlafen. Natürlich kommt es in solchen Ehen auch immer wieder zu physischen Intimitäten, aber in erster Linie durch Liebesspiele und Koitus.

Andererseits gibt es natürlich auch Fälle, in denen das Abrücken im Schlaf ein Zeichen für Gefühlserkaltung und Abwendung sein kann, daß Liebe und gegenseitige Anteilnahme abgenommen oder sogar aufgehört haben. So kann der Umstand, daß sich einer der beiden Partner schon bald nach der Eheschließung in eine Ecke des Bettes zurückzuziehen beginnt, ein Nachlassen der Liebe signalisieren. Denn im Normalfall ist der Wunsch und das Bedürfnis nach physischer Berührung zu diesem Zeitpunkt am stärksten ausgeprägt, da in den ersten Jahren einer Paarbeziehung Physis und Gefühle am leidenschaftlichsten miteinander verquickt sind.

Ein abrupter oder drastischer Wandel in den Schlafbeziehungen des Paares, zu welchem Zeitpunkt auch immer, deutet allerdings einen Wandel in ihren Beziehungen im wachen Leben an. Ein Mann, der in den ersten drei Jahren der Ehe in engem Kontakt mit seiner Frau in der Löffel-Lage geschlafen hat und sich von heute auf morgen in ein Eck zurückzieht und seiner Frau Nacht für Nacht den Rücken zukehrt, sagt ihr auf diese Weise, daß er sich überhaupt von ihr abwendet. Dieser Wandel, den ich das *Einfriermanöver* nenne, besagt: »Komm mir nicht zu nah.« Das Paar bewegt sich nicht mehr gemeinsam durch die Nacht. Jeder hat seinen eigenen Bereich im Bettraum. In manchen Fällen versucht der zurückgewiesene Partner, sich dem anderen zu nähern, in der Hoffnung, das Einfriermanöver auftauen und den Kontakt wiederherstellen zu können. Wohin dieses »Hand-Ausstrecken« in der Schlafwelt führen kann, werden wir im nächsten Kapitel über die Liebe und den Haß im Schlaf sehen.

Das plötzliche Aufkommen eines Einfriermanövers hat wenig mit dem allmählichen Auseinanderrücken in der Schlafwelt in einer gesunden Ehe zu tun. Letzteres ist gewöhnlich ein langsamer Prozeß. So mag z. B. ein Paar, dessen Alpha-Position seit der Eheschließung die Löffel-Lage war, nach einigen Ehejahren kurz vor dem Einschlafen zwei weniger eng verbundene Omega-Positionen einnehmen. D. h., nachdem durch die Löffel-Lage das zum Einschlafen unbedingt erforderliche Gefühl gegenseitiger Geborgenheit erzeugt ist, wird eine Omega-Lage gesucht, die im Schlaf größeren Spielraum gewährt, wobei sich das Paar auf seiner nächtlichen Reise jedoch – vornehmlich in den REM-Perioden mit ihrer geschlechtlichen Erregung – immer wieder aufeinander zubewegen kann.

Der Grad an Intimität im Schlaf kann allerdings auch vom gesamten Tagesablauf und den Arbeitszeiten abhängen. So erzählten mir zwei Partner, die beide bei einer Filmgesellschaft angestellt waren, daß sich ihre Schlafbeziehungen änderten, je nachdem, ob für den nächsten Tag Arbeit angesetzt war oder nicht. In Drehzeiten, wenn sie regelmäßig um sechs Uhr morgens aufstehen und oft bis zehn Uhr abends arbeiten mußten, neigten sie dazu, ermattet, wie sie waren, und im Bewußtsein, bald wieder raus zu müssen, weiter auseinander zu schlafen als am Wochenende oder in arbeitsfreien Perioden. In solchen Zeiten pflegten sie sich – beruhigt, am nächsten Tag ausschlafen zu dürfen – enger aneinanderzudrängen und besser zu entspannen.

Die Naturgeschichte des Paarschlafes ist also ein langsamer

Entwicklungsprozeß. Änderungen treten nicht über Nacht ein, sondern vollziehen sich im Lauf von Jahren. Dabei ist es durchaus möglich, daß ein Paar immer wieder einmal die früher so unentbehrliche physische Nähe sucht. So mag es z. B., auch wenn es nach zehnjähriger Ehe normalerweise Rücken zu Rücken schläft, gelegentlich aus besonderer Freude in der Umarmung einer Alpha-Position einschlafen und dadurch sowohl die momentan erwachte Leidenschaft demonstrieren, als auch die romantischen Empfindungen der ersten gemeinsamen Jahre wiedererwecken.

Zu Beginn einer Liebesbeziehung oder Ehe treten die bevorzugten Schlaflagen, die habituell charakterologischen Positionen, die jeder von uns als junger Erwachsener entwickelt hat, oft weitgehend zurück. So kann die Frau, wenn sie allein schläft, normalerweise die Königslage bevorzugen und der Mann die Bauchlage. Zu Beginn ihrer Beziehung aber sind die Gefühle und die gesamte Lebensrichtung bei beiden aufs engste aufeinander abgestimmt, was in der Schlafwelt dadurch zum Ausdruck kommt, daß sie die Löffel-Lage bevorzugen. Wie ihre Körper im Dunkeln ineinandergeschoben sind, so sind sie von jetzt an in ihrem Hoffen und Wünschen, ihrem täglichen Tun und Treiben aufeinander eingestellt.

Ab und zu im Laufe der Nacht jedoch wird der eine oder andere seine ursprünglich bevorzugte Omega-Position vorübergehend wieder einnehmen – eine Neigung, die mit der Zeit zunimmt. Ist nämlich die Verbindung des Paares einmal voll etabliert, d. h., bedarf die Verbindung keiner dauernden Erklärungen mehr und nimmt die Intensität ab, mit der sich die Partner aufeinander konzentrieren, wird vermutlich bei beiden ein neues Gefühl für die eigene Individualität erwachen – und damit ein neues Bedürfnis nach einer gewissen Privatsphäre in der Schlafwelt. So fängt der eine oder andere, oder beide, an, sein Selbstgefühl in der

Schlafwelt durch Einnahme der ursprünglichen Lieblingslage zum Ausdruck zu bringen, die nicht so viele Berührungsmöglichkeiten bietet wie die Löffel-Lage.

In diesem Stadium der Entwicklung wird der Kontakt auf subtilere Art und Weise aufrechterhalten, durch die kleineren Körperteile, am häufigsten natürlich durch die Hände, die einen direkten Gefühlsaustausch möglich machen. Dazu genügt im Grunde schon ein Antippen mit den Fingerspitzen. Oft wird aber auch die ganze Hand benutzt. Wird diese dabei nicht nur auf den Körper gelegt, sondern greift sie fest zu, kann das Besitzstreben, Anmelden von Ansprüchen oder sogar Aggression anzeigen – hat doch dann der eine Partner den anderen gewissermaßen »in der Hand«. Wird die Hand hingegen in die Achselhöhle oder über den Knien zwischen die Schenkel geschoben, kann die Geste das Bedürfnis verraten, sich anhängen zu wollen, d. h. Abhängigkeit demonstrieren bzw. die Unfähigkeit, aus Angst vor einer Trennung den anderen unberührt zu lassen.

Ein weniger besitzergreifender oder selbstsicherer Eindruck wird erweckt, wenn der Kontakt, was auch häufig geschieht, mit einem anderen Körperteil hergestellt wird. Meinen Beobachtungen nach vor allem mit den unteren Extremitäten und dem Hinterteil. Ein schüchterner Mensch wird seinen Schlafpartner lieber mit den Zehen, den Fersen oder den Knien berühren. Eine Berührung mit diesen Körperteilen wirkt »zufälliger« als eine mit der »zugreifenden« Hand. Die Hinterbacken ermöglichen die Berührung einer großen Fläche, die jedoch, da nicht »zugespitzt«, als nicht gezielt und eher als indirekt empfunden wird.

Die meisten Leute kennen die Lieblingsomegaschlaflagen ihres Partners sehr gut, ja zeigen oft heftige Gemütsregungen über dessen Schlafgewohnheiten. Und wenn zwei Menschen im Grunde in derselben Lage schlafen, z. B. beide die halbfoetale Lage auf der linken Seite am Bettrand mit ungehindertem Blick auf die Außenwelt bevorzugen, so kann sich die Frage erheben, wer nachgeben und hinter dem anderen schlafen oder die Seite wechseln muß.

Leute, die im Schlaf die Arme gern abspreizen, nehmen natürlich, ob sie nun auf dem Rücken oder dem Bauch oder auf der Seite schlafen, unweigerlich einen relativ großen Teil des Bettraums ein. Dieser Herrschaftsanspruch im Bett – und im Leben der Partner – wird aber zu Schwierigkeiten führen, wenn sich der andere nicht großzügig oder gefällig mit dem beschnittenen Raum begnügt. Für Schläfer, die die volle Foetus-Lage bevorzugen, mag freilich eine solche Kontrolle von Bett und Leben durch den Partner sogar beglückend sein. Ein Bauchschläfer dagegen wird über diesen Versuch des Partners, in der gemeinsamen Schlafwelt die Führung an sich zu reißen, wohl kaum erfreut sein.

Am meisten Ärger aber scheint im Falle unterschiedlicher Schlaflagen die Königslage zu erregen. Jedenfalls erzählten mir eine ganze Reihe von Patienten, daß sie der Anblick ihres auf dem Rücken liegenden Partners verdrieße; gerade als hätten sie die Botschaft der Königspose hinsichtlich der Selbstsicherheit und Überlegenheit dessen, der sie einnimmt, aufgefangen und reagierten nun ihrerseits darauf irritiert mit der Gegenfrage: »Was gibt dir denn das Recht, dich für so außergewöhnlich zu halten?«

Paare, die schon vor der Ehe zusammen schlafen, haben offensichtlich Gelegenheit, aus dem Schlafverhalten eine ganze Menge über ihren zukünftigen Partner zu erfahren. Aber dieses Thema wollen wir uns für ein späteres Kapitel aufheben.

Entwickelt sich zwischen einem Paar Zwietracht, schlägt sich auch diese unfehlbar in der Schlafhaltung des Paares nieder – eine Tatsache, die von Schlafforschern und Sextherapeuten erstaunlicherweise vielfach vernachlässigt, von Romanciers und Dramatikern dagegen oft intuitiv erfaßt wird. James Joyce z. B. läßt seinen Helden Leopold Bloom in *Ulysses* seine Schlaflage vertauschen und mit dem Kopf am Fußende des Bettes, mit den Füßen auf dem Kopfkissen schlafen. Seine Frau Molly hingegen läßt er die normale Lage, den Kopf auf dem Kissen, beibehalten, um dadurch die Veränderungen in den Beziehungen des Paares überhaupt anzudeuten. Vom Zeitpunkt dieser Veränderung an trennen sich die Wege der beiden. Sie gehen von nun an in verschiedene Richtungen. Bloom verirrt sich wie ein gequälter Schlafwandler immer tiefer in der Alptraumwelt von Nighttown, in der auch alles verdreht ist und auf dem Kopf steht.

Im übrigen spiegelt eine ausgefallene Schlaflage nicht nur Schwierigkeiten in der Beziehung der Schlafpartner zueinander, sondern kann diese sehr wohl selbst erst hervorrufen oder doch verschärfen. Wie z. B. im Falle der bereits früher erwähnten jungen Frau, die quer übers ganze Bett schlief – eine Eigenschaft, die sie vor ganz besondere Probleme stellte. Eine andere Frau erzählte mir, sie könne nur in der vollen Foetus-Lage einschlafen, die Knie bis zum Kinn angezogen, die Arme untergeschlagen, und außerdem müsse sie Knie und Schienbein gegen die Brust des Mannes pressen können, mit dem sie schlafe. Ohne diese Berührung, die sie nahezu wie eine Ausknospung des Mannes erscheinen ließ, konnte sie offenbar keinen Schlaf finden.

Im Laufe der Therapie lernte sie allmählich, sich aufzuschließen und in einer normaleren, halb ausgestreckten Lage, das Gesicht noch immer dem Manne zugekehrt und das rechte Bein über seine Brust gelegt, einzuschlafen. D. h., sie verspürte noch immer das Bedürfnis, sich festzuhalten, und meldete insofern nach wie vor ihre Besitzansprüche an. Mit zunehmender Besserung jedoch ging sie in die Bauchlage über und schließlich mit wachsender Unabhängigkeit und Selbständigkeit in die Rücken- oder halb-foetale Linksseitenlage.

Ein anderer Patient von mir, der nacheinander Beziehungen zu zwei Frauen unterhielt, schlief zu Beginn der Behandlung zusammengerollt in einer Ecke des Bettes, das Gesicht nach außen gewandt, in der vollen Foetus-Lage. Dabei kehrte er seiner damaligen Freundin den Rücken zu, als wollte er sagen: »Laß mich in Ruhe, rühr mich nicht an.« Bezeichnenderweise fand sich in der Lebensgeschichte dieses Mannes eine starke Mutterfigur, die ihn sowohl physisch als auch psychisch zu erdrücken bzw. regelrecht aufzufressen drohte. Sie wurde nicht müde, ihn zu umarmen und an sich zu drücken. Und da er von sich aus nicht die Kraft fand, sich ihrem mütterlichen Zugriff zu entziehen, versuchte er, sich in einer passiven Weise auf sich selbst zurückzuziehen, um sich wenigstens etwas vor ihr zu schützen und nicht völlig von ihr absorbiert zu werden. Dieses Sichzurückziehen schlug sich in seiner Schlafhaltung und damit auch in seinen Beziehungen zu der jungen Frau nieder, mit der er damals schlief.

In dem Maße jedoch, in dem sein Selbstwertgefühl und seine Selbstsicherheit durch die Behandlung wuchsen, wählte er immer häufiger die Bauchlage. D. h., er hatte sich der Welt wohl schon weiter geöffnet, verspürte aber immer noch ein starkes Bedürfnis, sein Leben unter Kontrolle zu halten. Im Laufe der weiteren Besserung drehte er sich zum Schlafen schließlich sogar auf den Rücken – Ausdruck einer stark entwickelten Offenheit, einer emotionalen Kontaktfreudigkeit sowie einer wachsenden Fähigkeit zur Selbsthingabe. Tatsächlich entwickelte der Mann größeres Interesse an einem intimen physischen Kontakt mit der jungen Frau, mit der er zusammenlebte, und brachte sie schließlich sogar dahin, ihren Kopf an seine Brust und Schulter zu betten. Diese Position signalisierte offenbar einen dramatischen

Wandel in dem ursprünglich so wohlbehüteten und gefühlsmäßig abwehrenden jungen Mann; aber trotzdem konnte die Beziehung zu der jungen Frau aufgrund anderer Spannungen nicht aufrechterhalten werden.

Anschließend hatte er ein Verhältnis mit einer anderen Frau, die – Ironie des Schicksals – ebenso in sich gefangen war wie er früher. Sie schliefen, um die physische Intimität zu erhöhen, auf einem Wasserbett; in der Schlafwelt jedoch wandte sie sich von ihm ab. Während er im Schlaf, wie bei seiner früheren Freundin, ihren Kopf auf der Brust spüren wollte, konnte sie bei ihrem unterentwickelten Gefühlsleben nur einschlafen, wenn er sie nicht berührte und sie sich in einer oberen Ecke des Bettes mit dem Rücken zu ihm in der vollen Foetus-Lage zusammenrollen konnte. Mit anderen Worten, sie verhielt sich zu diesem Zeitpunkt in der Schlafwelt genauso wie er zu Beginn seiner psychotherapeutischen Behandlung! Gewöhnlich wartete sie sogar, bis er eingeschlafen war, um sich aus dem Wasserbett in ihr eigenes zu schleichen. Die damit verbundene Frustration des Verhältnisses erwies sich für den jungen Mann auf die Dauer als zu groß; er brach. Im Laufe der Behandlung hatte er nicht nur sich emotional zu öffnen gelernt, sondern auch die Bedeutung der Schlafpositionen durchschaut und erkannte nun in ihr in beunruhigender Weise seine eigenen Probleme von früher wieder.

Bei einem anderen Paar, das Schwierigkeiten in der Ehe hatte, und von dem einer der Partner bei mir in Behandlung war, schob sich der Mann, der gewöhnlich auf dem Bauch schlief, immer weiter im Bett hinunter und setzte sich auf diese Weise aus dem Ehebett ab. Dieses *Krabben-Manöver* trieb er so weit, daß er schließlich nur noch mit dem Oberkörper auf der Matratze lag, mit den Beinen dagegen bereits auf dem Fußboden. Dieses Seitwärts-aus-dem-Bett-Kriechen aber war ein getreues Abbild seines Verhaltens in der Ehe. Denn als sich die Zusammenstöße mit seiner Frau häuften und er immer negativere Gefühle ihrem gegenseitigen Verhältnis gegenüber zu entwickeln begann, knüpfte er eine außereheliche Beziehung an.

Die hier berichteten Fälle führen uns zu den komplizierten Manövern, deren sich Paare bedienen können, um ihre Gefühle füreinander in der Schlafwelt auszudrücken. Diesen Punkt wollen wir im nächsten Kapitel ausführlicher untersuchen. Denn an den Haltungen und Bewegungen eines Paares während des Schlafs lassen sich leidenschaftliche Gefühle wie Liebe und Haß ebenso deutlich ablesen wie eine ganze Reihe anderer Empfindungen.

Die Naturgeschichte des Paarschlafs setzt sich übrigens sogar über die Trennung eines Paares hinaus fort. So erzählte der Schauspieler George Burns, der sich im Februar 1976 in einem Interview mit *Newsweek* u. a. auch über seine neununddreißigjährige Ehe mit der verstorbenen Gracie Allen äußerte: »In Gracies letzten Lebensjahren schliefen wir wegen ihrer Herzkrankheit in getrennten Betten. Nach ihrem Tod konnte und konnte ich nicht einschlafen. Eines Nachts kam ich auf die Idee, in ihr Bett zu schlüpfen, und siehe da, mit einemmal ging es wieder.« Diese Geschichte entspricht ganz den Beobachtungen, die ich über den Paarschlaf gemacht habe. Offensichtlich kann man ganz allgemein sagen, daß ein Partner in Abwesenheit des anderen (ob sich dieser nun hat scheiden lassen oder sich nur auf einer längeren Geschäftsreise befindet oder aber gestorben ist) fast unwillkürlich in dessen Bett oder in den von ihm sonst okkupierten Teil des Bettes »schlüpft«.

Was im übrigen leicht zu erklären ist: Das Zusammenleben hat dem Paar das Gefühl doppelter Stärke und damit natürlich auch ein ganz besonderes Gefühl der Sicherheit auf der allnächtlichen Schlafreise vermittelt. Der allein

Zurückgebliebene wird sich ohne den Partner beraubt vorkommen und verletzlich fühlen und wird versuchen, in der Schlafwelt die gesicherte Situation von früher wiederherzustellen – ein Versuch, der übrigens nicht selten über die Schlafwelt hinaus betrieben wird, indem die Eigenheiten des Vermißten, ja sogar seine Art und Weise, sich zu kleiden, übernommen werden.

Wie tiefgreifend sich eine solche Trennung und das daraus resultierende Gefühl des Verlustes auf den Schlaf auswirken können, illustriert der Fall einer meiner Patientinnen, der die Befürchtung, ihr Mann könne sie verlassen wollen, erstmals im Traum gekommen war. In diesem Traum nämlich hatte ihr Mann sie gezwungen, sich auf eine völlig ungesicherte Sprosse in einer Mauer zu setzen, auf der sie ins Schwanken kam, plötzlich jeden Halt verlor und herunterfiel. Unmittelbar nach diesem Traum hatte die Frau auf einen Platzwechsel im Bett gedrängt, als könnte sie dadurch, daß sie sich auf die Seite ihres Mannes legte, das Verhältnis stabilisieren.

Diese usurpierte Seite bevorzugte sie auch, nachdem es tatsächlich zur Trennung gekommen war. Nur kehrte sie nun, die nach wie vor auf dem Bauch schlief, den Kopf nicht mehr dem Fenster, sondern der Türe zu, als erwarte sie jeden Augenblick die Rückkehr ihres Mannes. Als sie später von seinen Beziehungen zu einer anderen Frau erfuhr, fing sie an, sich quer im rechten Winkel zur Längsachse über das Bett zu legen. Und als ihr Mann diese andere Frau nach der Scheidung heiraten wollte, drehte sich meine Patientin im Schlaf immer weiter herum, bis sie um den Hochzeitstermin herum schließlich mit dem Kopf am Fußende des Bettes gelandet war. So brachte sie durch mehrfache Lageveränderungen, bei denen sie stets die Bauchlage beibehielt, ihre sich wandelnde Einstellung und ihre persönlichen Abwehrmechanismen zum Ausdruck.

Das aber zeigt deutlich, daß wir die Beziehung zum Partner in der Schlafwelt fortsetzen, auch wenn er gar nicht mehr da ist, und daß wir unsere widersprüchlichen Gefühle auch weiterhin körperlich ausdrücken, wie wir ja auch im Wachzustand noch nach der Trennung an ihn denken. Diese letzten Überreste aus der früheren Gefühlsbindung werden, wie im Grunde auch kaum anders zu erwarten, erst bei einer neuen Bindung völlig aus der Schlafwelt verbannt.

Kaum aber ist diese neue Bindung eingegangen, zeichnet sich auch schon ein neuer Zyklus ab. Für die frischgebackenen Partner beginnt ein neuer Abschnitt mit seinen eigenen, sich im Laufe der Zeit fortentwickelnden Schlafmustern: Wieder tun die Partner in der Nacht die Bedeutung ihrer Beziehung füreinander kund.

VIII
Liebe und Haß im Schlaf

Am Beginn jeder Paarbeziehung steht die Liebe.

Die meisten Leute können das Bett nur mit einem Menschen teilen, mit dem sie sich durch irgendwelche Gefühle der Liebe verbunden fühlen. Wenn man die Schlafwelt betritt und sich auf die Reise durch die Nacht begibt, so setzt das ein Gefühl der Sicherheit voraus. Wenn man dem Partner, mit dem man das Bett teilt, nicht trauen kann, wird sich dieses Bedürfnis nach Geborgenheit, das über die physische Nähe hinaus auch ein gefühlsmäßiges Sichnahestehen erfordert, vermutlich nur schwer befriedigen lassen.

Liebe in der Schlafwelt hängt eng mit der Sexualität zusammen – und zwar seit Menschengedenken. Gewiß lassen sich sexuelle Begierden auch mit einem Fremden befriedigen, aber die Fülle der Liebeserfahrung umfaßt nicht nur Begierden, sondern auch Zärtlichkeit. So kann sich ein Paar eine ganze Nacht hindurch innig umarmen, obwohl es seine sexuellen Begierden bereits vor dem Schlafen gesättigt hat.

Nun sind aber Sexualität und Schlaf so nahe verwandt, daß viele Leute, und zwar Männer wie Frauen, die Schlafwelt nur schwer ohne vorhergehenden Geschlechtsverkehr betreten können. Im Laufe der Jahre ist mir eine ganze Anzahl von Fällen begegnet, in denen der Beischlaf geradezu als unabdingbare Vorbereitung auf den Schlaf empfunden wurde. Nun darf man aber nicht glauben, daß dieser Drang nur bei jungen Paaren anzutreffen ist; er findet sich recht häufig auch bei einsamen Menschen oder getrennt lebenden

Partnern, die vor dem Einschlafen zu masturbieren pflegen. Geht nun ein Mensch mit einem solchen Bedürfnis mit einem, der diese Neigung nicht teilt, eine Partnerschaft ein, können daraus leicht Schwierigkeiten erwachsen. So ist es möglich, daß ein Mann, der ohne Geschlechtsverkehr nicht einschlafen kann, mehr darauf aus ist, sich selber zu erleichtern, als seine Partnerin zu befriedigen; d. h. er wird den Geschlechtsakt eher zu einem Akt der Selbstsucht als zu einem Akt der Liebe machen, und die so abgefertigte Frau wird sich leicht mißbraucht fühlen. Sind aber die Sex- und Liebesbeziehungen eines Paares auf die eine oder andere Weise gestört, d. h., führen sie nicht zur vollkommenen sexuellen Befriedigung, können Enttäuschung und Frustration das Einschlafen sogar noch erschweren.

Umgekehrt können sich junge Paare beim Geschlechtsakt so austoben, daß sie hinterher ebenfalls Schlafschwierigkeiten haben. Ältere Paare wiederum fühlen sich durch den Liebesakt oft entspannt und leichter schlafbereit. In der Tat kann die orgastische und emotionale Entspannung auch eine Entspannung der Muskeln und des Hormonhaushaltes mit sich bringen, die – vornehmlich wenn die physiologische Wirkung von einem Gefühl der Stärke und Sicherheit begleitet wird, wie sie die Vereinigung mit dem geliebten Menschen hervorrufen kann – das Einschlafen wesentlich erleichtert.

Geschlechtsverkehr im Rahmen eines menschlich guten Verhältnisses kann auch noch aus einem anderen Grund den Schlaf fördern. Ist es nämlich vor dem Einschlafen zu keiner sexuellen Erleichterung gekommen, kann die Schwellung der Genitalien und der Beckenorgane in den REM-Phasen eher Formen annehmen, die zum Aufwachen führen. Umgekehrt ziehen es manche Paare vor, sich von der REM-Phase erregen zu lassen und den Beischlaf mitten in die Nacht zu verlegen, ja Paare mit gelinden Schwierigkeiten nutzen diese Zeit als Phase einer natürlichen Erregung geradezu planmäßig aus, um ihre Schwierigkeiten zu überwinden. Man muß dazu nur wissen, daß die REM-Phasen in Abständen von etwa neunzig Minuten auftreten, und sich deshalb zur gleichen Zeit schlafenlegen.

Der Umstand, daß Schlaf und Sex in so engem Zusammenhang stehen, mag ironischerweise nicht zuletzt dazu beigetragen haben, der »Liebe am Nachmittag« eine so romantische Aura zu verleihen. Mit jemandem (wie man heute so sagt) zu »schlafen«, und zwar außerhalb der normalen täglichen Schlafwelt, scheint für viele etwas besonders Pikantes an sich zu haben. Am hellichten Tag, während die anderen arbeiten, »Liebe machen«, hat den Reiz des Heimlichen, zehrt in gewisser Weise von der Leidenschaft außerehelicher oder ungesetzlicher Beziehungen.

Hat sich ein Paar vor dem Einschlafen geliebt, werden die Schlafpartner vermutlich besonders nah zusammenrücken – zumindest in der Alpha-Phase. Tatsächlich nehmen viele der Paare, die sonst weniger eng schlafen, nach dem Geschlechtsakt, wenn sie in den Schlaf hinübergleiten, die innige Haltung der Umarmung oder die Löffel-Lage ein. Ja, manchmal schläft das Paar auch in der klassischen »Missionarsposition« ein, der Mann auf der Frau oder die Frau auf dem Mann. Diese unbequeme, dem unten Liegenden das Atmen erschwerende Lage wird gewöhnlich schon bald gegen eine bequemere vertauscht.

Am Morgen nach dem Aufwachen aus der Schlafwelt scheint der Geschlechtsakt weniger häufig vollzogen zu werden. Wie schon früher bemerkt, kehrt die geistige Regsamkeit morgens schneller zurück als die körperliche Beweglichkeit. Während der Geist die Initiative übernimmt und uns auf das, was der Tag bringen mag, vorbereitet, braucht der Körper erst eine ganze Weile, bis er auch soweit ist. Der parallele Rhythmus zwischen Geist und Körper am

Abend vor dem Schlafengehen dagegen scheint eine sexuelle Erregung zu fördern, zumal nachts unser ganzes Wesen darauf eingestellt ist, in die Schlafwelt einzugehen, und die Verbindung von Sex und Schlaf nie so innig ist wie zu diesem Zeitpunkt.

Außerdem sind die Menschen – eine physiologisch leicht erklärbare Tatsache – frühmorgens im großen und ganzen weniger anziehend als abends beim Schlafengehen. Das Haar ist zerzaust, das Gesicht wegen des Tonusverlustes in den Blutgefäßen im Schlaf leicht aufgedunsen. Trotzdem halten manche Paare, wie das Lied »Ein bißchen Liebe am Morgen« nahelegt, Sex für die beste aller Möglichkeiten, den neuen Tag zu beginnen.

Gleichgültig, wie verliebt ein Paar ist, Schwierigkeiten wird es immer geben. Und diese Schwierigkeiten finden ihren Niederschlag in der Haltung, die die Partner im Schlaf einnehmen. In der Schlafwelt, in der der Körper das Sprachrohr ist, erfolgt die Kommunikation zwischen zwei Menschen über die Körper. Gibt es z. B. im Wachzustand Reibereien zwischen zwei Partnern, so macht der Körper die daraus resultierenden negativen Gefühle im Dunkeln evident, wobei er alle Schattierungen einer Empfindung von der Irritation bis zum Ärger und Haß auszudrücken vermag. Feindseligkeit z. B. kann durch die Art und Weise signalisiert werden, wie ein Partner seinen Anspruch auf Bettraum auf Kosten des anderen geltend macht; ärgerliche Zurückweisung dadurch, daß sich der Beleidigte selber auf einen kleinen Abschnitt des Schlafterritoriums zurückzieht und dem anderen resolut einen feindselig gekrümmten Rücken zukehrt.

Ich hatte ein Paar in Behandlung, das in der Tat sehr verliebt war; beide waren schon einmal geschieden und fest entschlossen, die Ehe diesmal zu einem Erfolg zu machen. Der

Mann war ein Einzelkind und von seinen Eltern reichlich verzogen. Obwohl er im Grunde ein durchaus gesunder und positiv eingestellter Mensch war, brachte er gewisse Probleme mit in die Beziehung. So fand er es z. B. schwierig, die Liebeserwartungen zu erfüllen, die seine Frau durch ihr ganzes Verhalten zum Ausdruck brachte. Diese war wie ihre Mutter ein Opfer der Verantwortungslosigkeit ihres Vaters und hatte ein stark ausgeprägtes Bedürfnis nach Nähe und Wärme.

Beim Einschlafen hielt sich das Paar, einander das Gesicht zugewandt, gewöhnlich mit den Armen umschlungen. Danach jedoch wechselte der Mann in die Seitenlage über und drehte der Frau den Rücken zu, und sie nahm die Löffel-Lage ein und kuschelte sich an ihn und schlang dabei die Arme um ihn. Im tieferen Schlaf rollte dann auch sie sich auf die andere Seite, und in dieser freundschaftlich entspannten Lage, einander mit dem Rücken berührend, verbrachten sie schließlich den Rest der Nacht.

Ab einem bestimmten Zeitpunkt jedoch konnte sich die Frau des Gefühls nicht mehr erwehren, ihr Mann käme ihr nicht im selben Maße entgegen wie sie ihm, und drückte dies in der Schlafwelt dadurch aus, daß sie ihrem Mann »nachzulöffeln« begann. D. h., sie versuchte, ihn im Schlaf enger an sich zu ziehen und länger in der Löffel-Lage zu halten. Sie wollte ihm nah sein, um ihm ihre Liebe zu beweisen, aber auch aus der Hoffnung heraus, ihm auf diese Art und Weise mehr Aufmerksamkeit abringen zu können. Er mißverstand die Zeichen jedoch und fühlte sich zunehmend unter Druck gesetzt. Zwar versuchte er seinen Ärger darüber hinunterzuschlucken; hier und da machte sich der schwelende Verdruß jedoch in einer schneidenden Wut und in häßlichen Szenen Luft, worin sie zu ihrer Verzweiflung das unabwendbare Ende ihrer Ehe sah. So kam es, daß sie nachts nicht einmal mehr einen Kuß tauschten, sondern sich ins Bett legten und einander eisig den Rücken zukehrten. In diesem gefährlichen Stadium kamen sie zu mir in Behandlung.

Nachdem sie Einsicht in ihre Schwierigkeiten gewonnen und positive Schritte zur Kittung des Bruchs unternommen hatten, besserten sich ihre Beziehungen in der Schlafwelt wie in der Tagwelt. Sie nahmen ihre ursprüngliche Schlaflage wieder ein, allerdings mit einem wesentlichen Unterschied. Die Frau hatte nämlich begriffen, daß er sie nicht weniger liebte, weil er sich nicht ganz geben konnte, und fühlte sich dadurch so weit sicher, daß sie ihm nur noch kurz »nachlöffelte«. Der Mann seinerseits konnte diesen Ausdruck ihres Bedürfnisses nun akzeptieren, ohne sich von ihr erdrückt zu fühlen.

Ein ähnlich gelagerter Fall führt uns zu dem bereits erwähnten jungen Mann zurück, der die Holländerinnen-Lage wählte, wenn er allein schlief. Dank der Behandlung hatte dieser junge Mann seine frühere Angst vor Frauen so weit überwunden, daß er ein enges Verhältnis eingehen konnte. Aber er hatte nicht alle Zweifel ausgeräumt und war in dieser Beziehung – da er nicht herausfinden konnte, ob er die Frau »wirklich liebte« oder nicht – außerstande, ihr seine ganze Liebe zu geben. Zur Zeit aber, als ihn dieses Problem plagte, träumte er immer wieder von Invasoren aus dem All, die er als seine Feinde empfand und bekämpfen zu müssen glaubte. Im Verlauf dieser Träume wurde er regelmäßig, wenn auch nicht ernsthaft, verletzt und nahm schließlich stets in einem sicheren Heiligtum Zuflucht.

Natürlich spiegelten die Träume sein Verhältnis zu der jungen Frau wider, die er fast wie eine Fremde von einem anderen Stern ansah und als Eindringling in seine Welt betrachtete. Er selbst kam sich in diesem Verhältnis als verletzlich vor, aber da er und die junge Frau in therapeutischer Behandlung standen und ihre Beziehung sich weiter

vertiefte, waren die Wunden, die er davontrug, nicht tief.
Das Heiligtum, in dem er Zuflucht suchte, war eine
eigentlich schon überwundene Haltung zur Schau getrage-
nen Desinteresses, die ihm ein solches Gefühl der Sicherheit
gab, daß er sich jeweils von Mal zu Mal den nächsten Schritt,
den er in dem Verhältnis zu machen gedachte, überlegen
konnte.

Er hatte das Glück, daß diese junge Frau, seine Schlaf- und
Sexpartnerin, außerordentlich orgastisch veranlagt war.
Beim Orgasmus sah sie gewöhnlich Felder lebhaften Pur-
purrots und jubelte laut auf, kurzum, sie verlieh ihrer
Freude ungestüm Ausdruck. Trotz dieser starken Sinnlich-
keit brachte aber auch sie Schwierigkeiten in die Beziehung
mit ein. Durch eine gewisse Vernachlässigung in ihrer
Jugend verunsichert, verspürte sie ein starkes Bedürfnis
nach Sicherheit, das er, der seinerseits erst zögernde Schritte
auf eine freie Gefühlsäußerung zu machte, schwer zu
befriedigen fand. Dieses Bedürfnis äußerte sich in Zeiten
besonderer Belastung dadurch, daß sie im Schlaf, gewöhnlich in den letzten Stunden gegen Morgen zu, gierig an ihrem
linken Daumen lutschte.

Obwohl der junge Mann die Bauchlage bevorzugte, konnte
er, wenn sie ihn mit den Beinen berührte, nicht schlafen. So
mußte er sich, wenn sie ihm im Laufe der Nacht näherrückte
und ihre Beine gegen seine legte, da das Bett nicht allzu breit
war, mit dem Rücken zu ihr auf die Seite drehen; auf diese
Weise kam es, daß das Paar den größten Teil der Nacht in
der Löffel-Lage verbrachte, wenn auch in einem Abstand
von rund dreißig bis vierzig Zentimeter. Wie bei der
Persönlichkeitsstruktur der Beteiligten nicht anders zu
erwarten, schlief sie hinter ihm. Er hatte Arme und Beine in
der Sandwich-Lage genau aufeinandergelegt.

Aber selbst wenn er sich schon abwehrend auf die Seite
gedreht hatte, setzte sie ihre diplomatischen Annäherungs-

versuche noch fort und mühte sich, ihre Beine an seine Waden zu legen. Zwischen seinem und ihrem Oberkörper dagegen ließ sie einen dreiecksförmigen Raum frei, um ihre linke Hand samt dem Daumen, den sie von Zeit zu Zeit in den Mund steckt, in Lippennähe halten zu können. Je enger sie sich aber mit den Beinen an den jungen Mann schmiegte, desto mehr wich dieser auf den Bettrand zu aus, bis er sich schließlich – da er fürchtete, von ihren unerbittlichen Avancen überwältigt oder aus dem Bett hinausgedrängt zu werden – regelrecht in der Patsche fühlte und mangels weiteren Raums (falls er das Bett nicht gänzlich verlassen wollte) die Waffen streckte, d. h., ihr widerstrebend erlaubte, ihre Beine gegen seine zu pressen.

In der Tat lernte er, sie mit der Zeit überhaupt in größerem Umfang zu akzeptieren, und begann nach einer Anzahl weiterer psychotherapeutischer Sitzungen sogar in einer bequemeren Lage mit ihr zu schlafen, ohne sich bedrängt zu fühlen, wenn sie sich an ihn preßte. Da er seinen eigenen Aussagen zufolge noch nie über längere Zeit hinweg mit einem anderen zusammen im selben Bett geschlafen hatte, hatte er es anfangs zwar befremdlich gefunden, die Schlafwelt mit einer anderen Person teilen zu müssen, rückte aber dann immer mehr auf die Bettmitte zu, als sich dieses Gefühl des Befremdens allmählich legte – was die Frau ihrerseits dadurch quittierte, daß sie sich nicht mehr so fest an ihn drückte. In diesem wie im voraufgehenden Fall kamen die Partner also in ihren Schlafweltbeziehungen wie übrigens auch im Wachzustand dadurch zu einem Kompromiß, daß jeder die Bedürfnisse des anderen immer mehr anerkannte. Welche Bandbreite die Schlafweltgefühle eines Paares durchlaufen können, läßt sich besonders anschaulich am Falle einer anderen Patientin von mir aufzeigen, deren Schlafverhalten die Veränderung ihrer Gefühle für ihren Mann aufs deutlichste zum Ausdruck brachte. Hatte sie sich zu Beginn ihrer Ehe beim Aufwachen manchmal dabei überrascht, wie sie ihren Mann, der sie gewöhnlich in den Armen hielt und an den sie sich so eng wie möglich anschmiegte, liebkost, gestreichelt und geküßt hatte, so rückte sie, nachdem es immer häufiger zu immer schwereren Zusammenstößen zwischen ihnen gekommen war, immer mehr von ihm ab und begann schließlich sogar, ihn im Schlaf anzugreifen, ja, mit beiden Füßen wie ein Maulesel nach ihm auszuschlagen. Gewöhnlich wachte sie den Bruchteil einer Sekunde, ehe der Schlag ihren Partner traf, auf und tröstete sich damit, daß sie es keinesfalls absichtlich getan haben könne, da sie ja noch geschlafen habe, als sie zum Schlag ansetzte. Ihr Körper drückte im Schlaf auf eine recht eindrucksvolle Weise ihre wahren Gefühle ihrem Mann gegenüber aus. Ja, manchmal kam der Stoß so heftig, daß ihr Mann auf dem Boden landete. Sie stieß ihn buchstäblich aus ihrem Bett! Wie nicht anders zu erwarten, war ihre Ehe nicht so stabil, solchen Spannungen lange zu widerstehen, und die Scheidung folgte auf dem Fuß.

Weist ein Partner den anderen zurück, werden bisweilen die ausgeklügeltsten Manöver und Strategien entwickelt, um ihn auf Distanz zu halten. Um geschlechtlichen Kontakt mit ihrem Mann zu vermeiden, schlief eine Frau in einem Hausrock, der bis zum Hals zugeknöpft war. Dazu hatte sie noch die Arme um sich geschlungen und verhinderte so durch diese Variation der Mumien-Haltung tatsächlich auch nur die flüchtige Berührung mit ihrem Fleisch. Eines einfallsreicheren und weniger auffälligen Tricks bediente sich eine andere Frau, deren Mann gern in der Löffel-Lage schlief, die Genitalien an ihr Gesäß gepreßt, und sie allnächtlich in den REM-Phasen, wenn er sexuell erregt war, durch seinen erigierten Penis aufweckte. Um sich vor dem Eindringen zu schützen, behauptete sie, an Hämorrhoiden zu leiden und bei jeder seiner Erektionen Schmerz zu empfinden. So behielt das Paar zwar die Löffel-Lage bei, aber mit so viel Raum zwischen sich, daß der Phallus des Mannes bei einer Erektion die Frau nicht berühren konnte.

Komplizierter lagen die Dinge bei einem Mann, der nach seiner Verhaftung zu mir zur Behandlung geschickt wurde; es handelte sich bei ihm um einen sogenannten *Frotteur* (vom französischen *frotteur* = reiben). Im übrigen ist diese sexuelle Abart in Großstädten keineswegs selten, wo die Menschen oft auf kleinem Raum unpersönlich zusammengedrängt sind. Männer, die dieser Praxis huldigen, nähern sich in der Untergrundbahn gewöhnlich während der Stoßzeit oder bei großen öffentlichen Anlässen wie Paraden einer Frau, um ihre Genitalien an ihr zu reiben. Von meinem Patienten erfuhr ich, daß sich solche Männer (aus mir unerfindlichen Gründen) »Kunden« nennen und untereinander Kontakt halten, ja gelegentlich auch zusammenkommen, um ihre Erfahrungen und Techniken auszutauschen.

Mein Patient nun bevorzugte es aufgrund besonderer Umstände in seiner Lebensgeschichte, von hinten an die Frauen heranzutreten und sein Organ an ihrem Gesäß oder ihren Oberschenkeln zu reiben oder, woran er besonders interessiert war, in die Glutaealfalte, den Spalt zwischen den Gesäßbacken, zu stecken. Zu diesem Zweck trug er stets einen Regenmantel oder eine lange Jacke, aus denen die Taschen herausgeschnitten waren, so daß er ohne weiteres die Hose öffnen und den Penis herausziehen konnte. (Manche »Kunden« schlitzten den Frauen die Hose mit einem Taschen- oder Rasiermesser auf, berichtete er mir.) Er selbst hatte sich darauf spezialisiert, verstohlen den Rock der Frauen zu heben und sich an sie zu pressen, wobei er die ganze Zeit, während der er sich an ihnen rieb, gedankenverloren in die Luft starrte.

Der Patient behauptete, die Frauen, die er auf diese Weise

gebrauchte, wirklich zu lieben – ein erneuter Beweis für Freuds Ansicht, daß sich die Allmacht der Liebe vielleicht nirgends so deutlich zeigt wie in ihren Verirrungen. Daneben aber hatte sein Verhältnis zu Frauen noch eine andere Komponente. Er empfand für sie auch eine gewisse Feindseligkeit, die sich in dem Bedürfnis äußerte, sie durch eine Ejakulation zu »beschmutzen«. Daß Frauen etwas gegen seine Praktiken haben sollten, konnte er aufgrund persönlicher Probleme nicht verstehen.

Dieser Mann war seit Jahren verheiratet, hatte die Ehe mit seiner Frau aber nie vollzogen, ja konnte sich auch für seinen Fall ein Eindringen in die Vagina gar nicht vorstellen, da er es als abstoßend empfunden hätte. Zu Beginn der Ehe hatte ihm seine sexuell noch naive Frau erlaubt, sich an ihr zu reiben, dies aber auf die Dauer unbefriedigend gefunden und abgelehnt. Die Fortsetzung der Beziehung ohne Sex akzeptierte sie jedoch, ja, sie schliefen sogar nach wie vor im selben Bett. Außerdem sorgte sie für seinen Unterhalt, so daß er sich die ganze Zeit in der U-Bahn aufhalten konnte.

Die Schlafweltbeziehungen dieses Paares waren komplex und steckten voller Widersprüche. Der Mann ließ einen Arm über den Bettrand heraushängen und schlief in der vollen Foetus-Lage mit zusammengerolltem Oberkörper, die Beine hatte er aber wie in der Heldenpose gerade ausgestreckt, das Gesäß preßte er an seine Frau, die ihrerseits entweder in der vollen Foetus-Lage oder in der Königslage schlief. Eine recht ungewöhnliche Kombination bei beiden.

Sehen wir uns erst die Lage des Mannes an. Das stark foetale Zusammenkauern des Oberkörpers überrascht nicht – offensichtlich hatte sich der Mann der Welt der Erwachsenen und ihren Umgangsgepflogenheiten noch nicht geöffnet. Ungewöhnlich dagegen bleibt, daß ein Schläfer in der vollen Foetus-Lage einen Arm über den Bettrand hängen läßt. Wie bereits im Kapitel über die kleineren Körperteile dargelegt, verrät diese Geste das Bedürfnis nach einem »Ausgang«, den Wunsch, frei zu sein, um seine eigenen Wege zu gehen. So ungewöhnlich diese Kombination von einem in voller Foetus-Lage zusammengerollten Oberkörper und einem ausgestreckten Arm aber auch sein mag, in diesem Fall ergab sie durchaus einen Sinn: Der Mann wollte frei sein für seine zahlreichen, aber flüchtigen Begegnungen mit anderen Frauen. Auch die in der Heldenpose ausgestreckten Beine, die auf den ersten Blick der foetalen Haltung des Oberkörpers zu widersprechen scheinen, passen bei genauerem Zusehen durchaus in dieses Bild. Sie zeigen die Bereitschaft des Mannes, in die Tagwelt zurückzueilen, um im Gedränge die flüchtigen Wunschfrauen seiner Phantasie zu verfolgen.

Nicht weniger ungewöhnlich war das Verhalten seiner Frau in der Schlafwelt, die zwischen der vollen Foetus-Lage und der Königslage wechselte. Aber auch diese Kombination ergibt eine in sich stimmende Geschichte. Brachte die Frau durch die Königslage ihr Selbstwertgefühl als Brötchenverdienerin und ihren Stolz auf die Aufrechterhaltung der Beziehung mit ihrem Mann zum Ausdruck, so zeigte sie durch die volle Foetus-Lage an, daß es ihr – letztlich infolge der Probleme ihres Mannes – in anderer Hinsicht nicht geglückt war, sich dem Leben gänzlich zu öffnen.

Damit sind wir aber noch nicht am Ende der Geschichte dieses Paares. Obwohl mein Patient im Schlaf sein Gesäß an den Körper seiner Frau preßte, duldete er umgekehrt keinen Versuch ihrerseits, unaufdringlich mit ihm in Berührung zu kommen. Er mußte das Gefühl haben können, sie ganz zu beherrschen, weshalb die Initiative zu einer Berührung auch nur von ihm ausgehen durfte. Er selbst wollte nicht berührt werden – eine Reaktion, die sein sexuelles Treiben in der Tagwelt spiegelte, in der er die Frauen stets in einer Situation festnagelte, in der er allein aktiv werden konnte, wohingegen sie seine Manipulationen unbeweglich über sich ergehen lassen mußten.

Dennoch versuchte seine Frau in der Schlafwelt regelmäßig, mit ihm in Berührung zu kommen, indem sie ihre Füße an seine Beine schob, die er jedoch stets zurückstieß. Manchmal allerdings, wenn er sich weniger stark irritiert fühlte, kitzelte er sie auch, um ihr (sie war kitzlig) seine Ablehnung so auf zartere Weise anzudeuten.

Wie man sieht, entsprachen dieser höchst seltsamen Ehe auch recht sonderbare Schlafbeziehungen. Trotzdem lebt das Paar mittlerweile bereits seit Jahren zusammen, teilt dasselbe Bett und scheint im Rahmen seiner besonderen Beziehungen einander sogar recht gern zu mögen.

Den Bettpartner mit den Füßen zu stoßen ist die krasseste Form von Aggression im Schlaf. Manche Leute schlagen statt dessen mit Händen und Armen um sich und treffen dabei anscheinend versehentlich auch den Partner. Nicht damit zu verwechseln ist allerdings das Schlagen mit Armen und Beinen, das gelegentlich Kampfträume begleiten kann, die gewöhnlich in die ersten Morgenstunden fallen. In diesen Alpträumen ist der Träumende in einen Kampf mit irgendeinem Ungetüm oder einer schreckenerregenden Macht verwickelt, wobei er sich physisch wehrt und zurückschlägt. Diese Träume richten sich in den meisten Fällen nicht gegen den Schlafpartner, und dementsprechend sollten die Hiebe nicht als Akt der Aggression, sondern als Verteidigungsmaßnahme aufgefaßt werden. Absichtlich gegen den Partner gerichtete Schlafaggressionen wiederholen sich in der Regel Nacht für Nacht und verfolgen, wie bereits angedeutet, oft den Zweck, die Annäherungsversuche des Partners abzuwehren.

Ein anderer meiner Patienten, ein Junggeselle in den vierziger Jahren, jagte seiner Bettgenossin dadurch einen gewaltigen Schrecken ein, daß er mitten in der Nacht auf sein Kopfkissen einzuschlagen pflegte, als wäre es ein Punchingball. In Wirklichkeit hatte sein Ärger nicht das geringste mit ihr zu tun. Er war von Natur aus äußerst jähzornig und streitsüchtig veranlagt und hatte lange gekämpft, um diese Eigenschaften unter Kontrolle zu bringen. Als Halbstarker hatte er auf Herausforderungen so heftig und explosiv reagiert, daß er in psychiatrische Behandlung gekommen war. Mitte zwanzig schließlich hatte er sich durch Willenskraft bzw. physische Abwendung vom Provokationsherd oder durch Brillenputzen, d. h. Zeitgewinn, beherrschen gelernt. Nun waren von diesem ehedem explosiven Verhalten nur noch die nächtlichen Ausfälle gegen das Kissen übrig. Zielscheibe dieser Episoden war übrigens stets das neutrale Kissen und nie die Bettgefährtin. Denn selbst im Schlaf hatte der Mann sich so weit in der Hand, daß er einer unschuldigen Bettgenossin nichts mehr zuleide getan hätte.

Neben Hieben und Schlägen gehört Schnarchen zu den verbreitetsten Formen der Schlafaggression. Über die Ursachen dieses irritierenden Geräusches, das im NREM-Tiefschlaf zustande kommt, gibt es eine Vielzahl von Theorien. Mit Sicherheit aber wissen wir nur, wie es entsteht: Nämlich dadurch, daß durch das regelmäßige, langsame, aber volle Ein- und Ausatmen der Luft das aufgrund des Muskeltonusverlustes schlaff herabhängende Gaumensegel in Schwingung gerät. Gelegentliches Schnarchen, das vornehmlich bei Erkältungen und nach starkem Alkoholgenuß auftritt, muß nicht notwendig auf Aggressionen zurückzuführen sein. Bei starken Spannungen in Partnerschaftsbeziehungen dagegen soll es laut Patientenberichten vielfach zu häufigerem und lauterem Schnarchen der verärgerten Partner kommen. Krankhaftes Schnarchen kann übrigens durch Medikamente, die die Stadien III und IV des NREM-Schlafs ausschalten, oder durch verschiedene mechanische Mittel unter Kontrolle gebracht werden. Gelegentlich trifft man auch auf Paare, von denen der eine schnarcht, während der andere einen sehr leichten Schlaf hat – eine unglückliche Kombination, die sich paradoxerweise durch dasselbe Medikament erträglich machen läßt.

Andere Formen von Aggressionen im Schlaf sind Zähneknirschen, Blähungen und Bettnässen oder, um auch die leichteren Ausformungen mit anzuführen, nächtlicher Samenerguß, die sogenannten »feuchten Träume«, die den Partner um das Vergnügen eines beidseitigen Orgasmus bringen. Nächtliche Samenergüsse können allerdings auch als Anklage zu verstehen sein: »Siehst du, was passiert, wenn wir uns nicht lieben!« Gelegentlich masturbieren der Mann oder die Frau auch an der Seite des schlafenden Partners. Wie die nächtlichen Samenergüsse kann dies sowohl aggressiv als auch anklagend zu deuten sein. Im übrigen scheint es dem Partner, selbst wenn er es bemerkt, gewöhnlich zu widerstreben, sich in etwas so Privates einzumischen.

Am Anfang einer Paarbeziehung steht die Liebe – und diese Liebe kommt im Laufe einer normalen, dauerhaften Ehe in der Schlafwelt gemäß dem Muster der Naturgeschichte des Paarschlafs auf verschiedene Art und Weise zum Ausdruck. Ebenso das Scheitern der Beziehung. Auch in diesem Fall wird das Sichzurückziehen oder die Aggression in der Schlafbeziehung der beiden Partner ihren Niederschlag finden, schließlich streifen sie ja die Gefühle, ob Liebe oder Haß, genauso wenig ab wie ihre Bedürfnisse oder Befürchtungen, wenn sie allnächtlich in die Schlafwelt hinübergleiten. Wir alle nehmen unsere Gefühle auf der Reise durch die Dämmerzone mit und verraten dem Partner in der Nacht durch unsere Körperhaltung, was wir für ihn empfinden.

Manchmal allerdings nehmen die Spannungen zwischen einem Paar solche Ausmaße an, daß beiden das nötige Gefühl der Sicherheit fehlt, um in die Schlafwelt einzugehen. Dann liegt einer von ihnen, oder auch beide, stundenlang wach, unfähig, die Probleme, die sich zwischen sie geschoben haben, einfach wegzuschieben. Trotz der Dunkelheit vermögen sie nicht, mit ihr so eins zu werden, daß sie schlafen könnten. Um drei Uhr morgens hellwach, der Tagwelt ebenso fern wie der Schlafwelt, sind sie wie Millionen anderer Verheirateter und Alleinstehender zu Opfern der Schlaflosigkeit geworden.

IX
Wenn es immer drei Uhr morgens ist

Für Schlaflose »ist es immer drei Uhr morgens«, um F. Scott Fitzgeralds Umschreibung für eine »wirklich dunkle Seelennacht« zu gebrauchen. Zu dieser trostlosen nächtlichen Stunde suchen die einen noch immer verzweifelt Schlaf, während die anderen, schon wieder erwacht, sich ruhelos eine Stunde oder länger in der Dunkelheit hin und her wälzen. Dieses Hin-und-her-Drehen mit seinen muskulären und nervösen Spannungen hat die menschliche Spezies seit eh und je geplagt. Schon im alten Ägypten wurde die Schlaflosigkeit unter den drei schlimmsten Plagen an erster Stelle genannt: Im Bett zu sein und nicht zu schlafen. An zweiter und dritter Stelle folgten in der Hieroglypheninschrift: Auf den zu warten, der nicht kommt. Und: Gefallen zu wollen und nicht zu gefallen.

In unserer eigenen, allen möglichen Belastungen ausgesetzten Welt mit ihrem sich immer noch weiter steigernden Tempo und ihren unlösbaren, bestenfalls managbaren Problemen hat die Schlaflosigkeit noch viel gravierendere Formen angenommen. Entspannung ganz allgemein steht hoch im Kurs, und der ängstlichen Öffentlichkeit werden immer neue Rezepte dafür angeboten. Allein der Umstand, daß Meditation, Biofeedback und andere Wege zu heiterer und gelassener Seelenlage heute so populär sind, beweist, wie schwer es uns geworden sein muß, uns auf die natürlichste Weise zu entspannen, nämlich zu schlafen. Nach einer 1973 in Los Angeles durchgeführten statistischen Erhebung litten 32 Prozent der Einwohner an der einen oder anderen Form von Schlaflosigkeit, in den Vereinigten Staaten sollen schätzungsweise über 30 Millionen Menschen von gravierenden Schlafstörungen befallen sein.

Wir unterscheiden vor allem drei Formen von Schlaflosigkeit. Erstens die Unfähigkeit einzuschlafen, die sogenannte *Einschlaf-Agrypnie*. In diesem Fall kann der Betroffene stundenlang wachliegen und sich die Ereignisse des Tages durch den Kopf gehen lassen, d. h., sich unermüdlich fragen, was besser gemacht oder gesagt hätte werden können, oder sich über das, was der nächste Tag bringen wird, Sorgen machen. Andere wieder haben Schwierigkeiten mit dem Einschlafen, weil sie – aus einer Vielzahl von Gründen, die später in diesem Kapitel noch eingehender untersucht werden sollen – überhaupt vor dem Schlaf Angst haben.

Die häufigste Form von Schlaflosigkeit aber, an der 50 Prozent aller Schlaflosen leiden, ist die Unfähigkeit durchzuschlafen. Die hiervon Betroffenen wachen in der Nacht öfters für kürzere oder längere Zeit auf und erfahren die Schlafwelt als eine Art Pendelverkehr zwischen Schlaf- und Tagwelt. Diese *Durchschlaf-Agrypnie* bringt eine Aufsplitterung der Schlaferfahrung mit sich, die kein wirkliches Ausruhen ermöglicht.

Bei der dritten Form der Schlaflosigkeit – der *Frühmorgens-Agrypnie* – wacht der Schläfer zu einer frühen Stunde gegen fünf oder sechs Uhr auf und kann nicht wieder einschlafen. Die Gedanken und Gefühle, die einen an dieser Form von Schlaflosigkeit leidenden Menschen bewegen, hat sich der französische Autor Jean Dutourd in seinem Roman *Um fünf Uhr morgens* zum Thema genommen. Im allgemeinen haben solche Leute mehr REM-Perioden als der normale Schläfer. Und getrieben von dem Bestreben, in die Tagwelt zurückzukehren, um ihre ungelösten Probleme und Ängste unter Kontrolle zu bringen, geraten sie öfters an den Rand des Erwachens. Darüber hinaus gehören in diese Kategorie vermutlich auch viele, die angeblich nur vier oder fünf Stunden Schlaf brauchen, im Grunde aber lediglich diese Art Schlaflosigkeit positiv auszuwerten verstehen.

Nun darf man aber nicht übersehen, daß der Schlafbedarf tatsächlich von Mensch zu Mensch verschieden ist, da er die physische Kondition und Persönlichkeitsstruktur eines Menschen spiegelt. Mit anderen Worten: Wer nur fünf oder sechs Stunden Schlaf braucht und sich den Tag über wach und kräftig fühlt, der bekommt genügend Schlaf und braucht sich nicht darüber zu beunruhigen, daß die meisten Leute sieben oder acht Stunden schlafen. Nur zu oft reden sich Leute ein, an Schlaflosigkeit zu leiden, weil andere – Verwandte, Freunde, Partner – mehr Schlaf zu brauchen scheinen.

Außerdem nehmen nicht alle ihre Schlafschwierigkeiten gleich ernst. Nach einschlägigen Untersuchungen neigen z. B. jüngere Männer am wenigsten dazu, sich über dieses Übel zu beklagen, während es der Mensch ab sechzig – und hier wiederum mehr die Frauen als die Männer – gewöhnlich so beunruhigend findet, daß er einen Arzt aufsucht. Für viele ältere Leute bedeuten Pensionierung und Ruhestand nicht nur eine Erschütterung in ihrer beruflichen Identität und in ihrem Standesgefühl, sondern bringen auch Schlaflosigkeit mit sich. Ebenfalls wenig geeignet, das für den Schlaf nötige Gefühl der Sicherheit zu geben, sind Angst um die Gesundheit und Sorgen wegen des geringeren Einkommens. Dazu kommt bei vielen älteren Leuten, da der Schlaf den Schläfer ja allnächtlich aus der Tagwelt in eine unbekannte neue Welt entführt, ein geschärftes Bewußtsein für die »totenähnlichen« Aspekte des Schlafs und eine wachsende Unlust, sich von der beruhigenden und vertrauten Umgebung des Wachseins zu lösen – eine Angst, die die englische Schriftstellerin Mary Shelley in der Zeile »Bis sich der Tod, dem Schlafe gleich, an mich heranschleicht« zusammenfaßte. Und schließlich und endlich können sich bei älteren Leuten physiologische Änderungen schlaferschwerend auswirken und psychische Anpassungsprobleme noch gravierender erscheinen lassen.

Gänzlich unabhängig vom Alter wiederum können Gefühlsspannungen und Ängste ebenfalls zu Schlafstörungen führen. So leiden 75 bis 80 Prozent all derer, die psychisch nicht ganz ins reine mit sich kommen, unter mehr oder weniger starken Schlafschwierigkeiten. Je stärker sich ein Mensch in seiner Verzweiflung und Angst danach sehnt, in den Schlaf zu flüchten, desto unfähiger wird er oft sein, und zwar gerade aufgrund seiner angespannten Gefühlslage, sich so weit zu entspannen, daß die normalen, schlafeinleitenden Vorgänge in der Dämmerzone anlaufen können. Dies wiederum verstärkt noch das beängstigende Gefühl, einer Welt voller Gefahren hilflos ausgeliefert zu sein.

Auch sexuelle Probleme können auf die eine oder andere Weise Schlaflosigkeit verursachen. So wird sich ein Mensch, zu dessen Gepflogenheiten in der Dämmerzone sexuelle Betätigung gehört, durch Probleme in diesem Bereich in seinem gewohnten Schlafrhythmus gestört fühlen. Umgekehrt wehrt sich manch einer nur aus Angst, er könnte von seiner sexuellen Erregung mitgerissen werden, wegen der engen Verknüpfung mit dem Sex gegen den Schlaf. Solche Leute fürchten, in der Schlafwelt die Kontrolle über ihre sexuellen Regungen zu verlieren, ja fühlen sich z. T. so unsicher, daß sie sich weigern, das Schlafzimmer mit einem anderen Menschen zu teilen, aus Angst, sie könnten sich verführen lassen.

Ganz abgesehen von diesen spezifisch seelischen Störungen aber leiden die meisten von uns irgendwann einmal vorübergehend an Schlaflosigkeit. Berufliche Belastungen, finanzielle Schwierigkeiten, Ehestreitigkeiten, Trennung vom

Partner, Scheidung, Krankheit oder Tod eines geliebten Menschen – all diese Übel, die jeden von uns einmal treffen, können Schlaflosigkeit mit sich bringen. Diese Art von Schlafstörung hängt stark vom betreffenden Individuum ab und wird, je nachdem, bis wann eine Streßerleichterung eintritt, ein paar Nächte oder auch mehrere Wochen andauern.

Eine der bekanntesten Ursachen akuter Schlaflosigkeit in unserem technischen Zeitalter ist die Umstellung oder – richtiger – Verdrehung der biologischen Uhr bei Flugreisen von einer Zeitzone in die andere. Nachhaltigere und ernstere Folgen hat dieses Verdrehungssyndrom bei Leuten, die in Nachtschicht arbeiten, also bei den Tausenden von Männern und Frauen aus den verschiedenen Dienstleistungsgewerben – dem Transport, dem Fernmelde- und Gesundheitswesen, dem Bereich der Gesetzesanwendung und der Feuerwehr –, deren Aufgabe es ist, den Betrieb rund um die Uhr zu gewährleisten. Allgemeinen Schätzungen zufolge sollen heute bereits 20 Prozent der arbeitenden Bevölkerung in diesem verdrehten Arbeits-Schlaf-Rhythmus leben, d. h. nachts arbeiten und tagsüber schlafen, wobei diese Schichtarbeit mit zunehmender Technisierung ebenfalls weltweit zunehmen wird.

Solche Nachtschichtarbeiter, die unter der Woche durchschnittlich nur vier bis sechs Stunden pro Tag schlafen, sammeln eine »Schlafschuld«, die sie am Wochenende durch einen neun- bis vierzehnstündigen Schlaf abzutragen versuchen. Bezeichnenderweise wachen sie, wenn sie untertags schlafen, öfters und für längere Zeit auf als der Durchschnittsschläfer bei Nacht. Problematischer wird die Sache noch, wenn aufgrund schlechter wirtschaftlicher Verhältnisse überdies noch Überstunden geleistet oder Doppelschichten gefahren werden. Denn da der Schichtarbeiter unter der Arbeitswoche ohnehin weniger Schlaf bekommt und außerdem öfters aufwacht, machen sich die charakteristischen Müdigkeits-, Unruhe- und Reizbarkeitssyndrome allmählich auch im Wachzustand stärker bemerkbar.

Einen besonderen Platz im Heer der unfreiwillig Schlaflosen nehmen diejenigen ein, die an körperlichen Gebrechen wie Arthritis, Skelettschäden, Herz- oder Kreislaufschwäche, Atembeschwerden, Nervenschwäche oder irgendeinem anderen Übel leiden. Bei ihnen treffen physisches Unbehagen und Depression wegen ihres schlechten Gesundheitszustandes zusammen, so daß sie der Schlaflosigkeit nur allzu leicht zum Opfer fallen. Ein Mann, der mit einem gebrochenen Bein im Krankenhaus liegt und den ganzen Tag lang nur den Gipsverband und den »Galgen« vor sich sieht, muß sich, ob er will oder nicht, auf sein gebrochenes Bein konzentrieren. Er kann der deprimierenden Wirklichkeit seiner Situation nicht entkommen: Er kann sich nicht ungehindert bewegen, d. h., seine ganze Person ist in ihrem Verhalten so wenig frei, wie sein eingegipstes Bein ihn im Bett festhält.

Von chronischer Schlaflosigkeit spricht man, wenn sie sich länger als ein Vierteljahr hinzieht. Aber ob akut oder chronisch, die meisten Schlaflosen legen das gleiche Verhalten an den Tag: Sie greifen zur Tablette, obwohl dieses »Hilfsmittel« in Wirklichkeit vielfach gar kein Hilfsmittel ist, sondern dem Patienten lediglich neue und ernsthaftere Schlafstörungen einträgt. Die immer weiter um sich greifende Abhängigkeit von Schlafmitteln, mit denen akute Schlaflosigkeit unsachgemäß behandelt wird, gehört heute zu den schwerwiegenden Problemen der ärztlichen Praxis. Nicht weniger bedenklich freilich ist die Selbstverordnung rezeptfrei über den Ladentisch gehandelter Medikamente. Ein paar Nächte lang jeweils nur ein paar Stunden zu schlafen ist letztlich ungefährlich. Sicher wird die Leistungsfähigkeit am Tag etwas abfallen, aber das ist nicht das schlimmste.

Gewöhnlich geben sich akute Perioden von Schlaflosigkeit, die im Zeichen bestimmter besonders belastender Situationen entstanden sind, ganz von selber. Ist man jedoch ein Opfer von Pillen geworden, kann aus einem zeitweiligen Übel ein chronisches werden.

Zwei Drittel derer, die an signifikanten Schlafstörungen leiden, suchen mit ihren Problemen einen Arzt auf. Die Behandlung dieser 20 Millionen Patienten konzentriert sich in der Regel auf eine möglichst sofortige Behebung des Übels. Das aber bedeutet, daß die eigentlichen Ursachen der Schlafstörungen vielfach gar nicht identifiziert werden, d. h., die Beziehungen zwischen dem Symptom und den etwaigen medizinischen, psychischen oder situationsbedingten Problemen werden überhaupt nicht erhellt. Nun ist aber die Schlafwelt ein ganz natürlicher Lebensbereich des Menschen. Wenn sich ein Mensch im Nachtuniversum nicht zu Hause fühlt, ist die Ursache dafür fast stets in Schwierigkeiten in der *Tagwelt* zu suchen. Neigt der behandelnde Arzt nun aber dazu, lediglich das Symptom anzugehen und Schlafmittel zu verschreiben, so kann das unselige Komplikationen nach sich ziehen.

Der Mißbrauch, der heute mit rezeptpflichtigen wie mit freien Schlafmitteln getrieben wird, ist geradezu erschreckend. Verschärfend kommt hinzu, daß die meisten Präparate dieser Art – von ein oder zwei wichtigen Ausnahmen abgesehen – nach etwa zwei Wochen ihre Wirkung verlieren, weil sich der Patient mehr oder weniger an sie gewöhnt hat. Die meisten über den Ladentisch gehandelten Mittel zeigen in den verordneten Dosen ohnehin keine Wirkung. In größeren Dosen jedoch können sich diese biologisch stark wirksamen Drogen leicht zu einer regelrechten Gefahr auswirken. Die verschreibungspflichtigen Barbiturate z. B. sind nur für kurze Zeit wirksam. Nimmt man sie jedoch über längere Zeit hinweg ein, so besteht eine hohe Suchtgefährdung. Mittlerweile sind allerdings einige Präparate ohne diesen Pferdefuß auf den Markt gekommen, die die Barbiturate bei der Behandlung chronischer Schlaflosigkeit mehr oder minder verdrängt haben, dafür aber ihrerseits psychische Abhängigkeit hervorrufen können und lediglich die Symptome beheben, ohne die eigentliche Ursache der Schlaflosigkeit zu beseitigen.

Tritt Gewöhnung an ein Medikament ein, d. h., hört es auf, in der üblichen Dosis zu wirken, werden in den meisten Fällen mehr Pillen genommen. Trotzdem haben Patienten, die chronisch (also länger als ein halbes Jahr) zu Schlafmitteln greifen, nach wie vor Schwierigkeiten, ein- und durchzuschlafen. Sobald nämlich Gewöhnung eintritt, verliert das Medikament seine Wirkung. Bei der gewöhnlichen Schlaflosigkeit fehlt dem Patienten vor Einnahme von Medikamenten Langwellenschlaf, wohingegen die Dauer der REM-Phasen gleich bleibt. Bei chronischem Drogengebrauch dagegen stellt sich – begleitet von verschiedenen Wellenstörungen in den anderen Stadien – noch dazu eine deutliche *Abnahme* des REM-Schlafes ein. Mit anderen Worten: Dem Patienten geht es, was erquickenden Nachtschlaf angeht, schlechter als zuvor.

Außerdem tritt oft ein sogenanntes Drogenentziehungssyndrom auf. Der Körper versucht automatisch, die Wirkung des fremden Präparates abzuwehren, wobei die Resistenz gegen die Droge mit der eingenommenen Menge Schritt hält, so daß beides in gleichem Maße steigt. D. h., selbst wenn vor dem Schlafengehen eine beträchtliche Dosis genommen wird, kann die Wirkung des Mittels mitten in der Nacht nachlassen. Dann kommt es zum *REM-Rückschlag*, einer massiven Traumzunahme, als wäre der Deckel von Pandoras Büchse gelüftet worden. Und diese nicht selten beängstigenden, alptraumhaften Träume führen, wie nicht anders zu erwarten, zu wiederholtem Aufwachen in der Nacht.

Versuchen Patienten bei spürbarem Nachlassen der Wirkung das Schlafmittel abzusetzen, tritt in der Folge oft eine Drogenentziehungs-Agrypnie mit alptraumhaftem Erwachen auf. Verschlimmert wird dieses Problem noch durch die psychisch belastende Frage, wie es denn ohne Drogen überhaupt gehen soll, sowie durch eine allgemeine Nervosität und Unruhe.

Um eine solche Drogenentziehungs-Agrypnie zu vermeiden, sollte bei chronischem Schlafmittelgebrauch die Dosis pro Woche jeweils nur um ein Siebtel herabgesetzt werden. D. h., ein Patient, der jede Nacht ein Hypnotikum genommen hätte, bräuchte mindestens sieben Wochen zur vollständigen Entwöhnung.

Ganz offensichtlich bedeuten Schlafmittel in der überwiegenden Mehrzahl der Fälle also keine befriedigende Lösung. Bei falscher Behandlung einer durch momentane Schwierigkeiten verursachten akuten Agrypnie können sie im Gegenteil sogar nur allzu leicht den Circulus vitiosus auslösen. Es fragt sich also, ob sich eine milde Form akuter Schlaflosigkeit nicht auch anders, ohne Drogen, kurieren läßt, z. B. durch natürliche Techniken, die man aus der Deutung der Schlafhaltungen, der Bedeutung der Dämmerzone und der Natur der Schlafwelt selbst entwickeln könnte.

Wichtig in diesem Zusammenhang ist es vor allem, die Bedeutung der Dämmerzone als Entspannungsphase zu kennen. Der Eintritt in die Schlafwelt läßt sich mit der Landung eines Flugzeugs vergleichen. Eine Maschine, die in 10 000 Meter Höhe fliegt, kann nicht abrupt auf die Erde heruntergebracht werden. Der Pilot muß die Geschwindigkeit nach und nach drosseln, allmählich an Höhe verlieren, die Räder ausfahren und die Landeklappen ziehen. Ebenso kann der menschliche Körper, wie wir im ersten Kapitel gesehen haben, den Übergang von der Tag- in die Schlafwelt nicht mit voller Geschwindigkeit nehmen. Wenn wir nach einem vollen Arbeitstag und einem Abend in der Stadt – nachdem wir insgesamt sechzehn Stunden auf den Beinen gewesen sind – nach Hause zurückkehren, werden wir kaum gleich einschlafen können, wenn wir nur schnell die Kleider herunterreißen und uns ins Bett legen – die Aufregung, in der wir uns noch befinden ist dafür zu groß.

Der Schlaf ist, wie einmal gesagt wurde, nicht mit Gewalt zu erobern; er will umworben werden wie eine Geliebte. Welche Art der Werbung am ehesten Erfolg verspricht, ist eine alte Frage, die sich schon viele Völker und Kulturen gestellt haben; von der Volksweisheit wurde sie teils bizarr und amüsant, meistens aber recht sinnvoll beantwortet. Ja, es ist direkt erstaunlich, wie viele der vorgeschlagenen Techniken die Prinzipien des Dämmerzonen-Prozesses intuitiv erfaßt zu haben scheinen, obwohl sich erst Generationen später eine wirkliche Schlafwissenschaft entwickelt hat.

Auf das, was man kurz vor dem Zubettgehen essen oder trinken soll, um gut schlafen zu können, wurde seit eh und je großes Gewicht gelegt. Und in der Tat ist ja auch die Verdauungsfrage keineswegs unwesentlich. Die ersten einschlägigen wissenschaftlichen Untersuchungen wurden von dem amerikanischen Feldarzt Beaumont durchgeführt. Und zwar bot sich ihm die Gelegenheit, bei einem Indianer, der durch einen Bauchschuß einen känguruhähnlichen Beutel im Unterleib hatte, den Verdauungsprozeß direkt zu beobachten.

Aufgrund dieser seiner Beobachtungen stellte er später eine Tabelle über die Verdauungszeit der einzelnen Speisen auf. Danach beträgt die Verdauungszeit:

Bei frischen, schaumig gerührten Eiern,
frischen Forellen, gebacken oder gebraten,

Wildbretbraten	bis zu 1 $^1/_2$ Stunden
Spanferkel	bis zu 2 $^1/_2$ Stunden
Domestiziertem Truthahn	bis zu 2 $^3/_4$ Stunden

Interessant übrigens, daß das zähere Fleisch des freileben-
den Truthahns nur ganze drei Minuten länger im Magen
bleibt als das des domestizierten Tiers.
Alles in allem also sollten nach dem Essen noch zweieinhalb
Stunden Zeit bis zum Schlafengehen bleiben, damit der
Magen genügend Zeit hat, das Verdauungsgeschäft gänzlich
abzuwickeln. Wer sich freilich Chili, eine Schüssel mit
dampfendem Curryreis oder einen gehäuften Teller voll
Pilze einverleibt, wird vermutlich auch nach der Verdauung
dieser Speisen noch unter Magenbeschwerden zu leiden
haben, da Übersäuerung, Blähungen und Krämpfe wieder-
holtes Erwachen zur Folge haben können.
Auf der anderen Seite hat man vor kurzem entdeckt, daß
gewisse Speisen einen schlaffördernden Stoff, das sogenannte L-Tryptophan, enthalten. Dazu zählen vor allem
proteinreiche Nahrungsmittel wie Fleisch, Käse und Eier.
Am L-tryptophanhaltigsten ist Truthahnfleisch (wahrscheinlich macht es keinen Unterschied, ob es vom wil-
den oder vom domestizierten Tier stammt), was vielleicht
einer der Gründe ist, warum die Amerikaner nach dem
Thanksgiving-Dinner so leicht einschlafen. Ein Gramm
L-Tryptophan verkürzt die Einschlafzeit immerhin um die
Hälfte. Wenn man kurz vor dem Schlafengehen noch essen
muß, sollte man also leichte, proteinreiche Kost wählen, die
durch ihre schlaffördernde Wirkung die geringere Verdauungszeit wieder ausgleicht.
Und wie wirken sich Getränke auf den Schlaf aus? Auch
diese Frage wurde im Laufe der Jahrhunderte oft diskutiert.

So berichtet z. B. Aubrey in seinen *Brief Lives*, der große elisabethanische Philosoph Francis Bacon habe »vor dem Schlafengehen gern einen guten Schluck Starkbier genommen ... um seine angeheizte Phantasie schlafen zu schicken, die ihn sonst einen guten Teil der Nacht wachgehalten hätte«. Und noch heutigentags nimmt der Alkohol unter den volkstümlichen Schlafmitteln eine Sonderstellung ein. Nun wirkt er sich aber nur in kleinen Quanten auf den höheren Ebenen unseres Nervensystems sedativ aus, während er, in großen Mengen genossen, die REM-Phasen unterdrückt, den Schlaf zersplittert und das deprimierende, im Zusammenhang mit dem Schlafmittelmißbrauch bereits erwähnte Phänomen des REM-Rückschlags zeitigt, also eine wirkliche Erholung unmöglich macht. Ja, bei akutem Alkoholmißbrauch wie nach ausgedehnten Trinkgelagen stellt sich der normale Schlafrhythmus ohne häufigeres Erwachen sogar erst nach sechswöchiger Abstinenz und Entgiftung wieder ein.

Daneben waren zu allen Zeiten auch andere Getränke als Schlaftrunk im Schwang. Die Engländer z. B. schätzten besonders ein Gemisch aus heißer Milch und Eiern mit einem Schuß Bier oder Wein, für das es seit dem 17. Jahrhundert Hunderte von Rezepten gibt. Und da Eier und Milch, wie wir heute wissen, tatsächlich das schlaffördernde L-Tryptophan enthalten, dürften diese sogenannten *possets* wohl nicht weniger wirksam gewesen sein als die meisten heutigen Schlafmittel, vor allem die über den Ladentisch verkauften. Schlaflosen mit kulinarischen Neigungen empfahl T. Dawson in seinem *Widdowe's Treasure* (1595) folgendes Rezept:

Man nehme die Milch und siede sie auf dem Feuer und schlage dann, kurz bevor sie siedet, die Eier hinein, in der Zahl je nach der Menge der Milch, achte aber darauf, sie mit etwas Milch vom Feuer anzurühren. Dann rühre man, bis das Gebräu zu sieden und zu steigen beginnt. Alsdann nehme man es vom Feuer und stelle es auf einer Wärmeschüssel mit Kohlen bereit und gieße die Milch hinein und lege einen Deckel darauf und lasse das Ganze eine Zeitlang stehen. Schließlich nehme man den Deckel ab und gebe Ingwer und Zimt dazu.

Das in diesem Rezept beschriebene Getränk könnte *sack*, der berühmte Schlaftrunk, sein, über dessen Zusammensetzung die Meinung der Experten heute noch auseinandergeht. Alles in allem aber dürfte er wohl der Sherry-Familie angehört haben und als eine Art Eierflip heute am ehesten durch Rum zu ersetzen sein.

Weniger exotisch und gewiß völlig unschädlich wäre ein schlichtes Glas Milch, vorzugsweise warmer Milch, die nicht nur L-Tryptophan enthält, sondern für viele mit Kindheitserinnerungen und folglich mit einem Gefühl der Geborgenheit verbunden ist. Kamillentee scheint ebenfalls als Hypnotikum geeignet, wohingegen koffeinhaltige Getränke im großen und ganzen die entgegengesetzte Wirkung haben, es sei denn, die Schlaflosigkeit wäre durch Übermüdung verursacht. In diesem Fall kann eine Tasse Kaffee oder Tee durch Überrundung der schlafstörenden Müdigkeit geradezu Wunder wirken. Hierbei sollte man aber wissen, daß Tee halb so viel Koffein enthält wie Kaffee und die meisten Cola-Sorten etwa ein Drittel.

Ist der Magen zufriedengestellt, gilt es, für die Behaglichkeit des Körpers zu sorgen. Dabei kommt es vor allem auf die richtige Temperatur des Nachtlagers an. Wie schon im ersten Kapitel dargelegt, wirkt eine gewisse Kühle schlaffördernd; ist es uns im Bett jedoch zu kalt – oder auch zu heiß –, fällt uns das Einschlafen schwer. Dessenungeachtet operieren verschiedene Hausmittel bei Schlaflosigkeit mit Wärme oder Kälte. So wird vielfach ein heißes Bad zur Entspannung und zur Lockerung der Muskeln empfohlen, wohingegen man sich einer anderen Theorie zufolge nackt vor ein offenes Fenster stellen soll, bis es einen fröstelt, um dann sofort in ein durch eine Wärmflasche vorgewärmtes Bett zu springen. Diese »Sauna einmal anders herum« ist freilich nur Leuten mit der Konstitution eines Eisbären anzuraten.

In der volkstümlichen Schlafliteratur spielen übrigens auch die Füße eine große Rolle. Teils vielleicht, weil sie in der Tagwelt so viel zu leisten haben, wahrscheinlich aber noch mehr, weil sie zu den wichtigsten Körpertemperaturreglern gehören. Kalte Füße z. B. gelten nicht umsonst als besonders ärgerliches Problem, da sie nicht nur ihren Besitzer wachhalten, sondern auch den Schlafpartner stören und somit die Intimität in der Schlafwelt verhindern können. »Leg dich nie mit kalten Füßen oder einem kalten Herzen zu Bett«, schrieb 1841 William Hone, wobei beim Paarschlaf ersteres offensichtlich leicht zu letzterem führen kann.

Ein ganz besonderes Einschlafrezept befolgten ehedem die russischen Adeligen, die sich von ihren Dienern Fußsohlen und Fersen kratzen ließen, um leichter einschlafen zu können – eine Behandlung, die sich die Schlafpartner wie eine gute Massage auch gegenseitig angedeihen lassen können, vorausgesetzt, der eine ist dazu willens und der Schlaflose nicht kitzlig. Früher galt außerdem gründliches Haarebürsten als ausgezeichnetes Schlafmittel für Frauen, aber dieses Verfahren ist neuerdings trotz seiner kosmetischen Vorteile aus der Mode gekommen. Heute greifen alle zum Fön, dessen Geschnurre sich jedoch schlecht für die Dämmerzone eignet, sondern eher dazu angetan ist, das Individuum morgens in die Tagwelt zurückzutreiben.

Daneben haben verschiedene Kulturen Spezialtechniken

zum Einschläfern von Kindern entwickelt. In Korea z. B. kraulen die Mütter ihre Kleinkinder in der Magengegend, um sie zu beruhigen und einzulullen; in Spanien oben am Rücken; und im Mittelmeerraum versucht man hier und da, die wimmernden Büblein durch sanftes Reiben der Genitalien einzuschläfern. Mit einem Wort, all diese taktilen Beruhigungsmanöver machen sich die alte Verbindung von Sex und Schlaf zunutze.

Im Bett dann erhebt sich die Frage nach den günstigsten Haltungen für den Eintritt in die Schlafwelt, die im übrigen, so viele es davon auch gibt, im Laufe der Jahrhunderte samt und sonders der Reihe nach als beste angepriesen und wieder verworfen wurden. Einige dieser Vorschläge hören sich besonders reizvoll an. So empfiehlt William Vaughn in seinem 1602 erschienenen *Natural and Artificial Directions for Health* dem Leser: »Man soll erst auf der rechten Seite mit offenem Munde schlafen, und in der Nachtmütze oben soll ein Loch sein, damit die Dämpfe abziehen können.« Sogar schon 1589 hatte ein gewisser Thomas Cogan geschrieben: ». . . auf der einen oder anderen Seite zu liegen ist gut; ausgestreckt auf dem Rücken oder flach auf dem Bauch zu liegen dagegen ungesund.« Nach Ansicht mancher Kommentatoren wiederum soll die Linksseitenlage für das Herz schlecht sein, wohingegen andere sie geradezu für gut und empfehlenswert halten. Und so weiter und so fort.

All diese kategorischen Behauptungen wurden natürlich in Unkenntnis der Tatsache aufgestellt, daß unsere Schlafhaltungen in erster Linie Ausdruck der Art und Weise sind, wie wir in der Welt stehen. So etwas wie eine beste Schlafposition für alle gibt es nicht. Jeder nimmt die Haltung ein – und zwar sowohl in der Alpha- als auch in der Omega-Lage –, die ihm das zum Ein- und Durchschlafen erforderliche Gefühl der Geborgenheit vermittelt. Denn die Schlafwelt ist individuell, oberster Herr darüber ist das Individuum selbst, auch wenn selbstverständlich gewisse grundlegende physiologische Bedingungen erfüllt sein müssen.

In diesem Zusammenhang möchte ich auf Harvey Day hinweisen, der in seinem Buch *About Yoga* zwei Yoga-Stellungen beschreibt, die zwei sehr häufigen Grundschlafhaltungen sehr nahe kommen. Über die erste, die Königs-Pose, schreibt er:

> Man lege sich auf einem harten flachen Bett ohne Kissen auf den Rücken, schließe die Augen und entspanne sich. Das ist jedoch nicht leicht, weshalb man sich der Reihe nach auf die einzelnen Teile des Körpers konzentriert: auf Augen, Mund, Kinn, Zunge, Hals, Arme, Hände, Magen, Oberschenkel, Beine, Füße, Zehen. Dann fange man noch einmal von vorne an und gehe die ganze Liste erneut durch. Man stelle sich vor, man sinke durch das Bett hindurch. Möglicherweise muß man die einzelnen Organe und Glieder mehrmals entspannen, ehe man eine vollkommene Lockerung erreicht. Wahrscheinlich wird man dann darüber einschlafen, ohne hinterher den genauen Zeitpunkt angeben zu können.

Die hier benannte Entspannungstechnik deckt sich weitgehend mit den heute vielfach angepriesenen und den Yogatechniken entlehnten Entspannungs- und Beruhigungsmethoden. Eine andere von Day beschriebene Position erinnert an die im fünften Kapitel erörterte Heldenpose:

> Man nehme ein weiches, flaches Kissen und bette den Kopf fest darauf, so daß der Hals völlig entlastet und entspannt ist. Man schlafe mit ausgestreckten, aber lockeren Beinen auf der rechten Seite, lege das linke Bein auf oder hinter das rechte und halte den linken Fuß ein bißchen vor oder hinter dem rechten Fuß. Der linke Arm

168

liegt mit der Handfläche nach unten am Körper und Oberschenkel an; der rechte leicht vor dem Körper. Wird auf das Kissen verzichtet, kann der rechte Arm angewinkelt und Handgelenk und Hand können unter den Kopf geschoben werden.

Beherrscht man diese Haltung erst einmal, führt sie zu gesundem, erholsamem Schlaf.

Bei der sogenannten »schwedischen Massage«, einer ähnlichen, sehr konkreten Technik, legt man einen gut 50 Zentimeter langen Holzpflock oder ein Stück Besenstiel unter den Rücken (sogar ein Gummiball kann dazu genommen werden), den man zunächst nur allzu deutlich spürt. Die einzige Möglichkeit, es sich bequemer zu machen, besteht darin, die Muskeln, die mit dem Gegenstand in Berührung kommen, vollständig zu entspannen. Ist einem diese Entspannung so weit geglückt, daß man den Holzpflock praktisch nicht mehr spürt, soll man ihn ein paar Zentimeter weiter nach oben auf die Rückenmitte zu schieben, und dann Stück für Stück weiter bis zum Halsansatz hinauf. Danach müßte man völlig entspannt sein. Meiner Ansicht nach dürfte diese Technik mit der des japanischen Holzkissens und der hölzernen Kopfstützen verschiedener alter Kulturen, so der sumerischen und ägyptischen, verwandt sein, denn auch mit einem solch harten Gegenstand unter dem Kopf läßt sich Behagen nur durch eine völlige Muskelentspannung erzielen, die ihrerseits automatisch das den Schlaf einleitende Alpha-Stadium herbeiführt.

Darüber hinaus gilt es, alle ablenkenden Gedanken und die Alltagssorgen zu verbannen. Auch hierfür wurden im Laufe der Jahrhunderte zahllose Ratschläge erteilt. Vor allem wird immer wieder Lesen empfohlen, wobei es dem einzelnen überlassen bleibt, ob er zu einem langweiligen oder einem aufregenden Buch greift, denn während ein guter Thriller den einen so vollständig von seiner täglichen Umwelt löst, daß er sich schlagartig schläfrig fühlt, wird er den anderen in größte Spannung und Erregung versetzen. Orson Welles z. B. empfiehlt die *History of MacHenry County, III.*, andere wiederum alte Kongreßprotokolle oder ein philosophisches Werk, die anscheinend fast durch die Bank als einschläfernd empfunden werden.

Diejenigen, die Lesen zu aufregend finden, ziehen »Schäfchenzählen« vor oder versuchen es mit einem ähnlichen, auf der Basis des Repetierens beruhenden geistigen Ablenkungsmanöver. Die einen dichten Limericks oder stellen Anagramme zusammen, um sich von den Aufgaben der Tageswelt abzulenken, die da sind Autoreparatur, der bevorstehende Besuch der Schwiegereltern oder -kinder oder was sonst sie erwarten mag. Wieder andere setzen z. B. die Buchstaben in alphabetischer Vokalabfolge zusammen wie in bab, cab, dab, fab, womöglich gefolgt von beb, bec, bed, bef und das notfalls bis zu zuz.

Wieder andere, bei denen solche Techniken nicht helfen wollen, ziehen abstraktere Vorstellungen vor. Sie konzentrieren sich z. B. auf eine ferne imaginäre Lichtquelle oder stellen sich einen dunklen, aus weiter Ferne auf sie zurollenden, immer größer werdenden Ball vor, der sie schließlich selber verschlingt. Ich persönlich stelle mir in solchem Falle eine das gesamte Gesichtsfeld ausfüllende grauschwarze Fläche vor, auf die entgegen dem Uhrzeigersinn ein Kreis gemalt wird (Linkshänder sollten die Figur in umgekehrter Richtung zeichnen). Die mit dieser Vorstellung verbundene gedankliche Anstrengung lenkt die Aufmerksamkeit vom Alltagsgetriebe ab und konzentriert das Denken auf eine monotone, repetierende Tätigkeit, die in ihrem Auf und Ab etwas Einlullendes hat.

Auch Atmung und Atemfrequenz sind für die körperliche

Entspannung von außerordentlicher Wichtigkeit. Wie bereits erwähnt, sinkt die Atemfrequenz im Schlaf. Leute, die ihren Atem mit Hilfe von Yoga oder anderen Techniken unter Kontrolle bringen können, schlafen deshalb auch viel leichter ein. Mit der Verlangsamung der Atemfrequenz verlangsamen sich nämlich auch die anderen Körperabläufe, vornehmlich der Herzschlag. Übrigens kann man zur Schlafatmung überleiten, indem man bei geschlossenem Mund durch die Nase atmet und die Luft mit einem gewissen Nachdruck ausstößt. Sänger, die ja die Zwerchfellatmung beherrschen, mit der sie ihre Stimme besser zur Geltung bringen, sind in der Regel gute Schläfer.

Umgekehrt sind Leute mit Atembeschwerden für Schlafprobleme besonders anfällig. Asthmatiker z. B. müssen oft aufrecht sitzen und mit einem ganzen Berg von Kissen unter dem Kopf schlafen. Eine häufig nicht erkannte, allerdings insgesamt seltene Ursache der Schlaflosigkeit ist die Apnoe, bei der die Atmung immer wieder für Augenblicke aussetzt. Aufgrund der mangelhaften Sauerstoffzufuhr wird der Patient, der nach solchen Episoden mit einer Art Aufschnarchen um Luft ringt, im Laufe der Nacht immer wieder halb erstickt aufwachen.

Auf unserer Reise durch die Dämmerzone müssen wir also unsere Muskeln entspannen, unseren Magen besänftigen, die Tagweltgedanken verbannen und richtig atmen. Doch das ist noch nicht genug.

Erstens sollten wir einen regelmäßigen Schlafrhythmus einführen, denn wie bereits angedeutet, gerät unsere biologische Uhr leicht in Unordnung. Leute mit einer unregelmäßigen Lebensführung, die am einen Abend um elf, am nächsten dagegen erst um drei Uhr morgens ins Bett kommen, werden vermutlich über kurz oder lang mit Schlafschwierigkeiten zu kämpfen haben. Außerdem kommt bei ihnen oft erschwerend hinzu, daß die für das Entspannen so wichtige Zeit vor dem eigentlichen Schlafengehen wegfällt.

Zum vollständigen Entspannen in der Dämmerzone ist im allgemeinen Dunkelheit und Stille erforderlich, auch wenn einige wenige zum Einschlafen Radiomusik bevorzugen und sehr wohl in einem hellerleuchteten Raum bzw. sogar mit offenen Augen schlafen können. Untersuchungen haben sogar ergeben, daß man in Räumen mit einer grellen, unruhigen Tapete schlechter einschläft.

Die von außen auf einen eindringenden Geräusche können natürlich ohnehin nicht ausgeschlossen werden. Aber die meisten Menschen sind in dem, was sie nachts hören, sowieso recht wählerisch; d. h., sie lassen sich durch bekannte Geräusche nicht stören. Wacht man immer wieder um dieselbe Zeit auf, kann die Ursache unter Umständen auch in einem äußeren Anlaß zu suchen sein. So verschrieb ein Arzt einer Frau, die jede Nacht um zwei Uhr zwanzig aufwachte, kein Schlafmittel, sondern empfahl ihr, den Wecker einmal auf zwei Uhr fünfzehn zu stellen und sich zu überzeugen, ob nicht vielleicht ein ungewohntes Geräusch ihr Aufwachen verursache. In der Tat stellte sich heraus, daß ihr Nachbar, dessen Nachtschicht um drei Uhr morgens begann, die Tür beim Verlassen des Hauses hörbar hinter sich zuschlug. Allein diese Erkenntnis aber genügte, daß die Frau den Knall fürderhin überhören konnte.

Wenn alle Versuche fehlschlagen und man nicht einschlafen – oder wieder einschlafen – kann, sollte man nicht erst lange im Dunkeln liegen bleiben und verzweifelt versuchen, trotz allem doch zu schlafen, sondern lieber aufstehen und etwas lesen oder Briefe schreiben oder den Einkaufszettel für den nächsten Tag zusammenstellen. In den meisten Fällen fühlt man sich schon nach einer Viertel- oder einer halben Stunde recht schläfrig. Denn dadurch, daß man sich nicht auf seine

172

Schlaflosigkeit, sondern auf andere Probleme konzentriert, läßt die Spannung nach, und nicht selten stellt sich bald darauf auch der Schlaf ein.

Nun scheint mir aber, daß man einer milden oder mäßigen Form der Schlaflosigkeit auch noch mit einer anderen Methode beikommen kann, indem man nämlich die Erkenntnis auswertet, daß es eine Alpha- oder Entspannungsschlaflage und eine charakterologische Omega- oder Tiefschlaflage gibt. D. h., außer der jeweils geeignetsten Muskelentspannungstechnik, der langsamen, regelmäßigen Nasenatmung, der einen oder anderen Repetierübung zur Verbannung allzu aufdringlicher Tagweltgedanken sollte sich der Leser das Wissen um seine Schlafhaltungen zunutze machen.

Mit anderen Worten, er sollte seine übliche Alpha-Entspannungslage einnehmen – gleich, ob auf dem Rücken, der Seite oder dem Bauch – und sich den nun eintretenden widersprüchlichen Empfindungen hingeben. Er wird nämlich einerseits den Eindruck bekommen, daß sein Körper immer schwerer auf dem Bett liegt, während er andererseits das Gefühl hat, selber immer leichter zu werden und sozusagen zu schweben. Manche Leute, die an Schlaflosigkeit leiden, empfinden diesen Widerspruch als störend – sie lehnen sich gegen die Schlafwelt auf. Das ist jedoch falsch. Man sollte sich vielmehr voll und ganz auf die widersprüchlichen Empfindungen einlassen und im einen Augenblick mehr dem schwebenden Eindruck nachgeben, im anderen sich mehr der zunehmenden Schwere des Körpers überlassen, bis sich diese beiden charakteristischen Schlafelemente durchdringen, ja einander noch verstärken und heben. Während dieses Vorgangs darf man nicht vergessen, durch die Nase zu atmen und die Luft, wie bereits beschrieben, mit gelindem Nachdruck auszustoßen.

Nach und nach wird die Vorstellung, man schwebe, überwiegen. Wenn man das Gefühl hat, nur noch weiterschweben zu wollen, ist man am Rande des Schlafs angelangt. Nun sollte man sofort die gewohnte Omega-Lage einnehmen, in der man gewöhnlich den größten Teil der Nacht verbringt, denn nun hat man es geschafft. Man ist in die Schlafwelt eingestiegen.

Im Normalfall braucht man ungefähr eine Viertelstunde zum Einschlafen. Hat man es nach dieser Zeit noch nicht geschafft, kann es sich als günstig erweisen, wenn man gleich die Omega-Lage einnimmt. Denn da sie aufs engste mit dem Schlaf verquickt ist, kann sie bei Einschlafschwierigkeiten unter Umständen entspannender wirken als die gewohnte Alpha-Position. Nun ist aber das Überwechseln von der Alpha- in die Omega-Position ein natürlicher Vorgang, weshalb sich das Problem der Schlaflosigkeit in vielen Fällen auch durch Einnehmen einer neuen, wirksameren Alpha-Position lösen läßt.

Wie bereits erwähnt, haben einige meiner Patienten unter besonders beängstigenden Umständen eine andere Dämmerzonen-Alpha-Position eingenommen. Im übrigen haben wir im Grunde alle solche »Rückfallpositionen«. So mag es gelegentlich manch einem als nötig erscheinen, sich auf den Bauch zu legen, um das für den Schlaf erforderliche Gefühl der Geborgenheit zu haben, selbst wenn er sonst gewöhnlich in der halbfoetalen Lage einschläft. Oder jemand, der normalerweise die halbfoetale Lage bevorzugt, kann unter Druck die ganzfoetale Alpha-Position einnehmen. Wenn man sich seiner Schlafhaltungen bewußt wird, ihre Bedeutung erkennt und verstehen lernt, welchen Grad an Sicherheit oder Unsicherheit sie ausdrücken, kann man leicht diejenige Alpha- oder Omega-Position *wählen*, die zu einer bestimmten Zeit dem eigenen Sicherheitsbedürfnis am besten entspricht. Wie in den Kapiteln vorher schon des öfteren bemerkt, ändern sich die Schlafpositionen unter besonders belastenden Umständen, wie umgekehrt auch zu Zeiten der Erleichterung, in denen der Schläfer auf die einen oder anderen Abwehrmechanismen verzichten zu können glaubt. Dadurch nun, daß man sich solcher Änderungen und ihrer Bedeutung bewußt wird, kann man schließlich auch die für die Bekämpfung der Schlaflosigkeit günstigste Haltung herausfinden.

Behält man trotz außergewöhnlicher Belastungen die gewöhnliche Alpha-Entspannungslage bei, so stimmt die Position, in der man in die Schlafwelt hinüberzugleiten versucht, nicht mit dem momentanen Lebensgefühl überein. Dauern die Belastungen an, wird die Schlafstellung denn auch unfehlbar geändert, der Körper im Dunkeln auf eine Linie mit seiner Lebensweise im Wachzustand gebracht – ein Übergang, der allerdings viel Zeit beanspruchen kann. Wer nun aber die Bedeutung der verschiedenen Schlafhaltungen kennt und aufgrund dieser Kenntnisse vorübergehend eine neue, mit dem Grundmuster seiner Tagesexistenz übereinstimmende Lage einnehmen kann, wird in den meisten Fällen auch leichter einschlafen. Streß und Angst mögen noch immer vorhanden sein, durch die Wahl der entsprechenden Schlafstellung aber kann die Schlaflosigkeit gemildert und der Eintritt in die Schlafwelt erleichtert werden.

X
Warnende Anzeichen –
Eine Analyse der Schlafpositionen

»Unser kleines Leben ist in Schlaf gebettet«, läßt Shakespeare Prospero in *Der Sturm* sagen.

In einem der REM-Phase äußerst ähnlichen Zustand schläft der Foetus im Mutterschoß; das Neugeborene schläft täglich rund siebzehn Stunden in der Wiege. Das Kind probiert die verschiedenen Schlafhaltungen aus, die die Entwicklungsphasen der Person spiegeln; der Teenager und der angehende Erwachsene dokumentieren ihre voll ausgebildete Individualität in der Schlafwelt durch die Wahl charakterologischer Positionen, die ganz der Art und Weise entsprechen, in der sie ihr Leben führen werden. Schlafpartner passen sich gegenseitig in ihrer Schlafstellung an und bringen dadurch noch in der Nachtwelt die Paarbeziehung zum Ausdruck. Die von Sorgen Geplagten äußern ihre Kümmernisse in der klar verständlichen Nachtsprache des Körpers. Und wir alle verraten Liebe, Angst, Haß und all unsere Gefühle, die wir uns selbst und der Welt gegenüber empfinden, sowie unsere physischen Schwächen – kurzum, wir hören im Laufe der Jahre bis hin zum letzten Schlaf nicht auf, im Dunkeln unsere gesammelte Lebenschronik preiszugeben.

Das wiederum bedeutet, daß wir umgekehrt an jedem Punkt dieses Weges auch durch die Kenntnis der speziellen Dimensionen und Erfahrungen des Schlafuniversums und durch das Wissen um die Bedeutung der Schlafhaltungen unsere Selbsterkenntnis vertiefen können. Unsere Schlafwelt ist voller Zeichen und Signale, die auf die Richtung, die unser Leben nehmen wird, hindeuten.

Eltern, die zwischendurch immer mal wieder nach ihrem schlafenden Kind sehen, werden nicht selten überrascht sein, welch sonderbare, ja unbequeme Haltung der kleine Schläfer eingenommen hat. So ist es nicht ungewöhnlich, daß ein Kind auf den Knien, den Rücken nach oben gereckt, in der Sphinx-Haltung schläft oder sich aufrührerisch im Bett umgedreht und die Füße aufs Kopfkissen gelegt hat. Doch das braucht sie, wie im vierten Kapitel dargelegt, nicht zu beunruhigen. Heranwachsende Kinder haben einen sehr biegsamen Körper und probieren fortwährend neue Schlafpositionen aus. Wenn solche Haltungen nur zeitweilig eingenommen werden, können die Eltern das Kleine lächelnd gerade legen und getrost die Tür hinter sich zuziehen. Wenn man andererseits ein Kind über Wochen oder Monate hinweg immer wieder in derselben ungewöhnlichen Lage antrifft, so wird man daraus auf eine signifikante Störung schließen und durch genauere Beobachtung einen besseren Einblick in die Art der Probleme des Kindes zu gewinnen versuchen. Denn da Kinder sich in dieser Hinsicht manchmal recht zugeknöpft geben, sind Eltern und Kinderärzte – und natürlich auch Krankenschwestern, Schulpflegschaftsangehörige und Sozialarbeiter – nicht selten darauf angewiesen, die Frage unmittelbarer anzugehen. Auch hierbei gibt ihnen die Analyse der Schlaflagen die Mittel an die Hand, das zu erkennen, was das Kind nicht sagen kann oder will.

Schon vor dem zwanzigsten Lebensjahr hat das Individuum ziemlich deutlich ausgeprägte spezifische Schlafhaltungen entwickelt, so daß exotische Positionen in diesem Alter recht aufschlußreich sein können. Wird eine solche Haltung dazu noch von einem ungewöhnlichen oder symptomatischen Aufwachverhalten begleitet, sollte man lieber einen Experten aufsuchen. Der junge Mensch wird seine sozialen, sexuellen und allgemeinen Probleme in der Schule oder auf der Universität oder in der Erwachsenenwelt in der Schlafwelt zum Ausdruck bringen und manchmal auf diese Art und Weise selbst den Schlüssel zu dem ungelösten Problem liefern.

Ebenfalls als hilfreich erweist sich das Wissen um die Schlafpositionen, wenn sich die jungen Erwachsenen Anfang zwanzig nach einem geeigneten Partner umzuschauen beginnen. Diese Erfahrung machte z. B. eine junge Patientin von mir, die ihren Urlaub in der Karibik verbrachte. Obwohl sie erst vor kurzem mit einem Mann gebrochen hatte und eigentlich nicht gleich eine neue Beziehung eingehen wollte, fing sie hier ein Verhältnis mit einem Franzosen an, der ebenfalls dort Urlaub machte. Da sie glaubte, sich ernsthaft in ihn verliebt zu haben, suchte sie mich nach ihrer Rückkehr auf, um die möglichen Risiken und Freuden einer Fortführung dieser Romanze mit mir zu besprechen. Allein schon die Rückkehr des Mannes nach Frankreich war für sie, die selbst in New York lebte, ein gewaltiges Hindernis, das sie jedoch noch in Kauf genommen hätte. Weit mehr Bedenken dagegen bereitete ihr, daß ihr der Mann mit zwei Ausnahmen nach dem Liebesakt den Rücken zugekehrt und sich schlafen gelegt hatte.

Da ich mit meiner Patientin bei früheren therapeutischen Sitzungen auch ihre und ihres damaligen Partners Schlafhaltungen durchgegangen war, kannte sie die Bedeutung der Schlafpositionen und wußte, daß sie Gefühle und Charakter eines Menschen enthüllen. In der ersten Nacht war der Franzose mit dem Gesicht zu ihr, die Arme um sie geschlungen, eingeschlafen. In den folgenden Nächten jedoch hatte er ihr fast unmittelbar nach dem Liebesakt den Rücken zugewendet und sich auf seine Bettseite zurückge-

179

zogen. Auf ihre Frage, ob er sich dessen bewußt sei, hatte er geantwortet, auch seine Pariser Freundin habe sich schon darüber beklagt. Obwohl er sich also im klaren war, daß er den Frauen durch sein Schlafweltverhalten weh tat, war er, da es grundlegend für seine Lebensweise war, unfähig, es zu ändern. Und so fuhr er fort, ihr Nacht für Nacht den Rücken zuzukehren, bis ihn in der letzten Nacht der Schmerz über die bevorstehende Trennung trieb, ihr im Schlaf das Gesicht zuzuwenden, wie, um sich noch einmal von ihrer Anwesenheit zu überzeugen.

Die Gefühle, die die junge Frau ihm gegenüber empfand, waren recht gemischt. Immer wieder stellte sie sich die Frage, ob der Versuch, die Beziehung fortzusetzen, überhaupt einen Sinn haben konnte. Schließlich rang sie sich zu der Erkenntnis durch, daß die Chancen, diese Romanze bei einer solchen Entfernung am Leben zu erhalten, relativ gering waren. Immerhin hatte der Mann schon im gleichen Bett mit ihr Schwierigkeiten gehabt, sich mit ihr auf offene Weise von Angesicht zu Angesicht zu verständigen. Um wieviel unwahrscheinlicher war es da, daß er ihre aufrichtigen Gefühle auf die Dauer voll und ganz erwidern würde, wenn ein ganzer Ozean sie trennte. Schließlich hatte er bereits durch seine Haltung in der Schlafwelt zum Ausdruck gebracht, daß sich ein Abgrund zwischen ihnen auftat – eine Schwierigkeit, die durch die Entfernung in der Nachurlaubs-Tagwelt ja nur noch größer werden konnte.

Ähnlich wie diese junge Frau werden natürlich alle, die eine Paarbeziehung in Betracht ziehen, ihr Wissen um die Schlafhaltungen auswerten. Schließlich gilt es, eine ganze Reihe von Faktoren zu berücksichtigen, wenn man sich von einem Menschen genügend angezogen fühlt, um eine längerdauernde Beziehung zu erwägen, die unter Umständen sogar zur Eheschließung führen kann. In der Regel bilden wir uns aufgrund verschiedener Beobachtungen ein

Urteil über die Leute, die wir näher kennen und verstehen lernen. Wir nehmen mehr oder weniger auffällige Eigenarten an ihnen wahr, konstatieren ihr Verhalten uns und anderen gegenüber. Eine Frau z. B., die eine starke Zuneigung zu einem bestimmten Mann verspürt, an seiner Lebensführung aber dies oder jenes auszusetzen findet, mag unschlüssig sein, wie weit sie sich mit ihm einlassen soll. Bei der Frage, wie gut wir uns mit jemandem verstehen, ziehen wir alle attraktives Aussehen, persönliche Übereinstimmung, soziale Eigenschaften und gleiche Interessen in Betracht. Der Leser des vorliegenden Buches aber kann darüber hinaus noch die Schlafhaltungen des möglichen Langzeitpartners in Rechnung setzen, die er in der Welt von heute wohl schon aus direkter Erfahrung kennen dürfte. Aber auch andernfalls finden die meisten Leute das Thema interessant genug, um sich, selbst wenn dieser Punkt sexueller Intimität noch nicht erreicht ist, darüber zu unterhalten.

Die junge Frau mit der Urlaubsaffäre konnte sich, so vieles sie an ihrem Franzosen auch liebte – seine empfindsame Intelligenz, seinen Charme, seine zärtliche und geschickte Art in der Liebe –, mit der Art und Weise, wie er sie nach dem Liebesakt aus seiner Schlafwelt ausschloß, nicht abfinden. Zu Recht fürchtete sie, von ihm womöglich ebenso aus anderen wichtigen Bereichen seines Lebens ausgeschlossen zu werden. Auf die Dauer aber konnten sie keine noch so große Intelligenz, kein noch so verführerischer Charme und keine noch so guten sexuellen Qualitäten über die ihr in einer ernsthaften und dauerhaften Beziehung wünschenswert erscheinende Offenheit und Wärme hinwegtrösten. Genau die aber konnte ihr der Mann, wie sein Verhalten in der Schlafwelt gezeigt hatte, nicht geben. Und da sie sich äußerst gern in seiner Gesellschaft aufhielt, beschloß sie daher, ihn nach wie vor zu treffen, aber auf einer realistischen Basis, d. h., ohne überzogene Hoffnungen. Diese Erkenntnis der Grenzen ihrer Beziehung aber ersparte ihr, sich sinnlos nach einem Mann zu sehnen und zu schmachten, der ihre Erwartungen ohnehin nicht hätte erfüllen können.

Unsere Schlafweise spiegelt unsere Lebensweise. Fühlen wir uns unbehaglich neben unserem Partner im Bett – sei es, weil er sich von uns im Schlaf abwendet; oder umgekehrt, wenn wir uns manchmal auf unseren Lebensraum zurückziehen wollen, weil er uns ohne jedes Gespür dafür zu erdrücken versucht; sei es, weil er uns dadurch frustriert, daß er sich außerhalb unserer Reichweite in einem Winkel des Bettes zusammenrollt, oder weil er umgekehrt Dreiviertel des Bettraums durch seine ausgestreckten Gliedmaßen okkupiert –, so dürfen wir damit rechnen, uns auch sonst gelegentlich unbehaglich neben ihm zu fühlen. Mit anderen Worten: Fühlen wir uns von der Art und Weise irritiert, wie er sich uns gegenüber im Schlaf verhält, so werden wir wohl auch kaum die Art und Weise schätzen, in der er sich – welche Tugenden er auch sonst haben mag – uns gegenüber nach den »Flitterwochen« verhält.

Die Schlafgepflogenheiten eines Menschen übergehen, nur weil wir anderes an ihm schätzen, heißt auf einen wichtigen Schlüssel zu seiner charakterlichen Struktur verzichten. Gewiß hat jeder irgend etwas an seinem Partner auszusetzen. Aber während man sich bei einem geliebten Menschen mit allerlei Unsitten, Eigenarten und Mankos abfinden und trotzdem eine dauerhafte Beziehung eingehen kann, fällt Toleranz bei grundsätzlichen Wesensverschiedenheiten schwer. Deshalb sollte man sich nicht die Möglichkeit entgehen lassen, durch Beobachtung der Schlafhaltungen die ganze Einstellung – unverzerrt durch die Ablenkungen und Zerstreuungen des Alltags – zur Welt und zu den jeweils wichtigen Menschen herauszufinden. Die so gewonnene

Einsicht ermöglicht eine bessere Beurteilung, wie sich der andere in ein gemeinsames Leben einfügen würde.

Paare, die schon seit längerer Zeit zusammenleben, können durch Kenntnis der Bedeutung der Schlafpositionen gewissermaßen den Finger am Puls ihrer gegenseitigen Empfindungen füreinander halten. Wie bereits dargelegt, kann man aus Änderungen im Schlafverhalten des Partners Rückschlüsse auf das ziehen, was sich gegenwärtig in dessen Lebensraum ereignet. Deshalb sollte man eine plötzliche oder einschneidende Änderung durchaus ernst nehmen. Schläft ein Paar z. B. gewöhnlich in der Löffel-Lage und einer der Partner gibt diese enge Schlafgemeinschaft unvermittelt auf, um abgewandt am anderen Ende des Bettes zu schlafen, braut sich mit großer Wahrscheinlichkeit ein Unheil zusammen. Weiß das Paar nun um die Bedeutung solcher Änderungen, kann es sich mit dem Konfliktstoff auseinandersetzen, ehe dieser allzu explosiv geworden ist. Darüber hinaus können die Partner aus ihren Schlafpositionen als sichtbarem Abbild ihrer gegenseitigen Beziehungen Einblick in ihr gemeinsames Leben gewinnen und die gegenseitigen Empfindungen und Bedürfnisse besser verstehen lernen. Eine gestörte Form des Schlafverhaltens – wie die des Mannes, der anfing, sich nachts wie eine Krabbe seitwärts aus dem Bett zu schieben – kann einen Riß in der Ehe sichtbar machen, dessen Behandlung die Hilfe eines Experten erfordert.

Von besonderer Bedeutung kann die Analyse der Schlafhaltungen für diejenigen sein, die aufgrund unbewältigter Probleme einen Psychotherapeuten aufsuchen. Allerdings auch für den Therapeuten selbst, dem sonst nur wenige Beweise für die Änderung der Persönlichkeitsstruktur, des Verhaltens, der Lebensführung und der ganzen Einstellung des Patienten während der Therapie zur Verfügung stehen.

Ihm bietet die Beobachtung der Schlafpositionen – zusätzlich zu den üblichen Anhaltspunkten, auf die er sonst bei der Beurteilung der Entwicklung des Falles angewiesen ist – »harte« Belege für die Wirkung seiner Therapie. Anhand der Nachtsprache des Körpers, diesem äußerst fein geeichten Instrument, kann er den Erfolg seiner Therapie überprüfen, das seelische Wachstum des behandelten Individuums ermessen.

Wie schon anhand mehrerer Fälle aufgezeigt, verraten die Schlafpositionen deutlich, wie weit ein Mensch der Intimität fähig ist. Man denke nur an das im siebten Kapitel behandelte Beispiel des jungen Mannes, der zu Beginn der Therapie seiner Freundin den Rücken zukehrte und in der vollen Foetus-Lage einschlief, schließlich aber die Rückenlage bevorzugte und den Kopf seiner Partnerin auf der Brust spüren wollte.

Dazu hier noch der Fall einer stark depressiven Enddreißigerin, die jahrelang in Behandlung stand und anfangs ogar für kurze Zeit ins Krankenhaus eingewiesen worden war. Die Abweisung eines Freundes hatte sie in ihrer schwach ausgeprägten Persönlichkeit schwer erschüttert. Außerdem war sie aufgrund einer turbulenten, destruktiven Familiengeschichte in ihrer Liebesfähigkeit und ihren sexuellen Reaktionen ohnehin schon gehemmt. Diese Frau nun hatte im Laufe der langen Behandlung eine Anzahl relativ haltbarer, aber recht stürmischer Beziehungen.

Nachdem sie vor knapp einem Jahr die Kraft gefunden hatte, ein Verhältnis zu brechen, in dem sie stark ausgenutzt worden war – diesen Preis hatte sie für die Sicherheit, einen Partner zu haben, in Kauf genommen –, gelang es ihr auch allmählich, ihre Depression zu überwinden und selbständiger zu werden. Gleichzeitig fing sie an, sich intensiv mit der Genese und den Äußerungen ihrer emotionalen Störungen zu beschäftigen, was ihr in den letzten Monaten ein Gefühl von Freiheit und Selbstsicherheit und damit von persönlichem Wachstum gab. Seit dem Bruch hatte sie keine neuen Beziehungen mehr angeknüpft, bis sie auf einer Silvestergesellschaft einen Mittfünfziger kennenlernte, in den sie sich auf Anhieb heftig verliebte und mit dem sie entgegen allen früheren Erfahrungen ohne weiteres den Orgasmus erreichen konnte, so daß sie sich vollauf befriedigt fühlte.

Obwohl sie im Grunde eine Bauchschläferin war und im Zustand der Depression die volle Foetus-Lage einnahm, schlief sie mit ihrem neuen Liebhaber auf der linken Seite in der Löffel-Lage. Beim Einschlafen lag der Mann, dicht an sie geschmiegt und den Arm um sie geschlungen, hinter ihr, was natürlich sofort die Vorstellung von der schützenden Vaterfigur wachrief. Aber obwohl beunruhigende, zweideutige Gefühle für ihren Vater in ihrem bisherigen Leben durchaus eine Rolle gespielt hatten, verloren sie in dieser Beziehung ihre hemmende Wirkung. Wenn das Paar dann im Laufe der Nacht die Seiten wechselte, legte sich die Frau nach hinten, denn nun konnte sie auch eine andere Beziehung zu einem Mann eingehen.

Hatten sie und ihre Partner sich früher immer gleich nach dem Einschlafen den Rücken zugewandt, so konnte sie nun ihre neugewonnene Fähigkeit, sich voll und ganz auf eine Liebesbeziehung einzulassen, auch in der Schlafwelt durch liebevolle Offenheit zum Ausdruck bringen. Daneben aber zeigte ihre Haltung beim Paarschlaf auch ein neues Selbstgefühl an und bestätigte objektiv ihren subjektiven Eindruck, neue Lebensmöglichkeiten für sich erschlossen zu haben.

Auch bei der Früherkennung einer physischen Krankheit kann sich die Kenntnis der Schlafstellungen als nützlich erweisen. Eine Bekannte, die nach Ertaubung auf dem rechten Ohr an einem Tumor am rechten Gehörnerv operiert worden war, erzählte auf einer Gesellschaft, als das

Gespräch auf die Schlafpositionen kam, sie schlafe auf der linken Seite in der halbfoetalen Lage und bette ihren Kopf seit etwa zehn Jahren zwischen zwei Kissen, d. h., lege sich das obere quer über das rechte Ohr. Daraus schloß ich – und sie bestätigte meine Annahme –, daß der Tumor im Anfangsstadium *Tinnitus aurium* oder Ohrenklingen verursacht hatte, das sie als Geräusch von außen mißdeutet und durch das Kissen zu ersticken versucht hatte, nicht ahnend, daß es sich um ein Symptom für diese Art von Tumor handelte.

Interessant in diesem Zusammenhang ist die Aussage des Nervenarztes, der Tumor dürfte sich wohl vor rund zehn Jahren gebildet haben. Denn dann hätte sie das zweite Kissen zu Beginn dieser Krankheit über das kranke Ohr gelegt. Wäre die Medizin damals schon imstande gewesen, die Botschaft der Schlafhaltungen zu entziffern, hätte der Arzt allein aus dem Wechsel von einer einfachen in eine auffällige Position, von der halbfoetalen Lage in eine Variation der Straußen-Pose, auf den krankhaften Vorgang in ihrem rechten Ohr schließen können. Mit anderen Worten: Der Tumor hätte vor Jahren entdeckt und operiert werden können, noch ehe die Frau das Gehör auf dem rechten Ohr verloren hatte – von möglicherweise später auftretenden gefährlicheren Komplikationen ganz zu schweigen.

Die Beziehung zwischen Schlafhaltungen und Herzfehlern wurde bereits erörtert. Und ebenso gehören die Schlafpositionen natürlich auch bei anderen Krankheiten zur komplexen Reaktion des Individuums auf seinen Schmerz oder seine Unzulänglichkeit. So werden z. B. Leute, die an Magengeschwüren, Nierensteinen, an einem Bruch oder an anderen physischen Syndromen leiden, oft ihre Schlafhaltungen ändern, um den schmerzhaften Druck auf die empfindliche oder entzündete Stelle zu verringern. Auch in solchen Fällen kann ein Wechsel in der Schlaflage, der einem bestimmten anatomischen Bereich Erleichterung verschaffen soll, ein Frühwarnsignal sein, das eine rasche Betreuung des Patienten nahelegt. Kurzum, der klinische Nutzen der Schlafpositionen als Schlüssel zu medizinischen Problemen liegt auf der Hand. Vergrößert doch das Wissen um unser Tun und Treiben in der Schlafwelt die Bandbreite unserer Erkenntnisse ganz wesentlich.

XI

Sein in der Nacht

Unser ganzes Leben hindurch enthüllt unser Verhalten in der Schlafwelt – gleich, ob wir krank oder gesund sind, ob wir allein oder mit einem Partner zusammenleben – die Geschichte unserer Existenz. Es spiegelt jede Situation, jede Krise, jede Änderung wider. Ja, es verrät – wie wir gesehen haben – unsere Einstellung einer Situation oder einer menschlichen Beziehung gegenüber, noch ehe diese uns im Wachzustand bewußt geworden ist.

Die Erkenntnisse über diese Schlafwelt haben sich im 20. Jahrhundert erheblich vertieft. Freuds Traumanalyse, Aserinskys und Kleitmans Entdeckung des Zusammenhangs zwischen der schnellen Bewegung der Augen und der Traumwelt, die nicht abreißende Forschungstätigkeit auf den Gebieten der Gehirnchemie, der Wirkung der Hormone und der Schlafdysfunktion gleichen den Teilen eines Puzzles, von denen bis jetzt zu viele fehlten.

Als ich im Laufe der letzten Jahre allmählich die Bedeutung der Schlafpositionen entschlüsseln lernte und die Schlafwelt in ihrer ganzen Größenordnung zu begreifen begann, tat sich für mich zumindest nach und nach ein völlig neues Panorama auf. Je mehr ich über die Art und Weise lernte, in der wir in der Schlafwelt leben, desto besser konnte ich die Nachtsprache des Körpers verstehen, als desto aufschlußreicher erwies sich die Schlaferfahrung selbst. Eine reiche Welt, dieses Universum des Dunkels, in dem wir durchschnittlich über zwanzig Lebensjahre verbringen. Es läßt sich mit keiner anderen Welt vergleichen, von der wir

Kenntnis haben. Es hat seine eigenen Gesetze. Wir orientieren uns im Schlaf völlig anders als im Wachzustand, erfahren Raum und Zeit in einer gänzlich anderen Art und Weise. Unser Selbstempfinden erweitert sich, bezieht die Myriaden Facetten unserer Erfahrungswelt ein. Wir können ein Fels und im nächsten Augenblick schon ein Tier oder ein anderer Mensch sein. In der Welt des Schlafs haben wir in ganz anderem Ausmaß an allen Möglichkeiten des Seins teil, besitzen wir etwas wie ein kosmisches Gefühl.

Und doch lebt auch in diesem größeren, ja grenzenlosen Universum jeder von uns auf seine ganz besondere Weise. Keine zwei Menschen reagieren gleich oder erfahren die Schlafwelt auf die gleiche Weise. Wie wir uns in ihr verhalten, was wir träumen, was wir mit unserem Körper machen, spiegelt die für uns spezifische Weise wider, die wache Welt zu erleben. Der konkrete Schauplatz unserer wachen Welt freilich ist begrenzt – wir können zu einem bestimmten Zeitpunkt nur an einem Ort sein, in einer Wohnung, in einem Zug, am Schreibtisch. In der Schlafwelt dagegen können wir an all diesen Orten gleichzeitig sein. Aber, wo wir uns auch hinträumen und wie wir darauf reagieren, all dies ist aufschlußreich dafür, welche Art Mensch wir im Wachzustand wie im Schlaf sind.

Wir träumen. Und das, was in unseren Träumen wie in einem Kaleidoskop abrollt, ist ein Spiegelbild unserer Erwartungen und Sichten. Ein Mensch, der von einem Felsen träumt, deutet dadurch an, daß er sich in seinem Leben momentan recht unnachgiebig gibt. Eine Patientin, die von Stahlträgern träumte, brachte dadurch zum Ausdruck, daß sie sich im Augenblick an strikte Regeln hielt, die sie einerseits gefühlsmäßig stützten, andererseits aber in ihrer Spontaneität und Flexibilität einengten. Der im 3. Jahrhundert nach Christus lebende chinesische Philosoph Tschuang-tsu träumte, er sei ein »Schmetterling, der hin und her flattert«. Nach dem Aufwachen konstatierte er, daß er ein Mensch war und stellte sich die Frage, ob er in Wirklichkeit nicht doch ein Schmetterling sei, der träume, ein Mensch zu sein. Im übrigen drückte sein Traum auf elegante Weise das Suchen dieses Philosophen in der Tagwelt nach dem Nektar der Wahrheit aus.

Sind wir also der Felsen, der Stahlträger, der Schmetterling? Im Schlaf können wir es sein. Und was wir in der Nachtwelt sind, was wir wählen, drückt aus, was für Menschen wir sind. Die Nachtwelt und die Tagwelt schließen einander nicht aus. Die Zeit, die wir im Schlaf verbringen, ist nicht nur eine Lücke zwischen zwei Tagen. Wir können, wie Experimente gezeigt haben, auch im Schlaf recht treffend urteilen und durchaus sinnvoll denken. Die Schlafwelt ist ein ebenso gültiger Seinszustand wie die Tagwelt – wir leben in der Schlafwelt nicht in einer Art Schwebezustand, sondern eben nur auf andere Weise. Die Erfahrungen, die unser Körper und unser Geist in dieser Nachtwelt machen, sind ebenso sinnvoll wie die aus dem Wachzustand. An der Bedeutung der Träume zweifelt heute niemand mehr; auch nicht an der Schärfe des Schlafdenkens. Nicht weniger aufschlußreich aber ist unsere körperliche Okkupation der Nachtwelt. Wie wir am Tag als denkende und körperhafte Wesen existieren, so bleiben wir beides auch in der Nacht.

Wir liegen auf dem Bauch, auf der Seite, auf dem Rücken, die Beine gespreizt oder zusammengepreßt, die Arme ausgestreckt oder eng an den Körper gelegt. Und diese Haltungen im Dunkeln erzählen die wahre Geschichte unseres in stetem Wandel befindlichen Lebens, verraten, wie wir uns selbst, die Tagwelt und die für uns wichtigen Leute in ihr empfinden. In der Nacht bewegt sich unser Körper auf unseren Schlafpartner zu oder von ihm weg und bringt so auf anschauliche Weise unsere Gefühle für unseren Mann, unsere Frau, unsere Geliebte zum Ausdruck.

Das große Paradoxon der Schlafwelt aber liegt darin, daß wir uns darin – obwohl wir in ihr alles sein können, obwohl wir sie vom Gesichtspunkt des Wachseins her deutlich als etwas anderes erleben – letztlich doch in unseren fundamentalen persönlichen Wünschen und Bedürfnissen wiederfinden. Von der Geburt bis zum Tod schlafen wir unser ganzes Erdenleben lang, wie wir leben, denn unsere Schlafwelt ist auf unsere Erfahrung im Wachzustand, unsere gesamte Lebensgeschichte und all unser Streben abgestimmt.